Frank Maibaum

Das Zeitbuch

Für seine Anregungen und Korrekturen bei der Erstellung dieses Buches gilt besonderer Dank dem Physiker Dr. Hartmut Butzert.

Frank Maibaum

Das Zeitbuch

J. F. Steinkopf Verlag

FRANK MAIBAUM, Jahrgang 1949, ist Diplom-Pädagoge und evangelischer Pfarrer in Dorsten bei Recklinghausen. Er hat im J. F. Steinkopf Verlag bisher außerdem veröffentlicht:

»DAS GOTTESDIENSTBUCH«
2. überarbeitete Auflage 1999, 128 S., kt., ISBN 3-7984-0742-8

»In übersichtlicher, gut lesbarer Weise erläutert der Autor alle gottesdienstlichen Elemente in ihrer Bedeutung und ihrem liturgischen Ort. Gleichzeitig werden viele Anregungen für individuelle Gestaltungen vermittelt ... Frank Maibaums Arbeitsbuch eignet sich hervorragend für Gottesdienstvorbereitungs- und Gesprächskreise.« botschaft aktuell

»DAS TRAUBUCH«
1999, 128 Seiten, kartoniert, ISBN 3-7984-0748-7

Das Traubuch erklärt dem Brautpaar auf leicht verständliche Weise Ablauf und Bedeutung der christlichen Hochzeit. Es zeigt, wie sie selbst sowie Freunde und Verwandte sich aktiv beteiligen können. Für alle Elemente des Hochzeitsgottesdienstes werden viele praktische Gestaltungshilfen geboten.

Die Deutsche Bibliothek - CIP-Einheitsaufnahme
Maibaum, Frank: Das Zeitbuch
Frank Maibaum. - Stuttgart; Kiel: Steinkopf, 1999

ISBN 3-7984-0749-5
Einbandgestaltung: Willi Schrader, Dorsten
Druck: Clausen & Bosse, Leck

INHALT

VORWORT

Wissenschaftliche Forschung beruhte immer auf religiöser Neugier. Den Sinn des Lebens zu finden war das Ziel des Suchens nach Zusammenhängen im großen Universum und in den kleinsten Teilen des Seins. Forschen und Glauben, Wissen und Fühlen konnten nicht getrennt voneinander verstanden werden.

Erst in der Neuzeit zerbrach diese Einheit. Besonders das 20. Jahrhundert ist geprägt von der Vorstellung, jedes mögliche Stück Wissen sei ein notwendiges Puzzleteil, das uns einer Vollständigkeit allen Wissens näherbringt. Diese Vollständigkeit zu erreichen wurde Motiv und Ziel des Lernens und Forschens. Von hinderlichen Werten, Hoffnungen, ethischen Vorstellungen galt es sich zu trennen. Auf der einen Seite standen nun der Wissensdrang und die Forschungstätigkeit - auf der anderen Seite die Sehnsüchte, Gefühle, der Glaube und die Frage nach Sinn. Diese beide bedeutenden Seiten des Menschen schienen unterschiedliche Bereiche zu sein, die nichts miteinander zu tun haben, sich gar stören und ausschließen. Man feierte eine befreite, unabhängige, wertfreie Wissensschaft.

Doch es wird immer deutlicher, daß wir unsere "Puzzlearbeit" nie beenden werden. Das mögliche Wissen ist zu vielfältig und wird immer all unsere Kraft und unser Vermögen übersteigen. Mit der Erkenntnis dieser Ohnmacht wächst die Gewißheit, daß "Vollständigkeit" nicht das Motiv oder Ziel unseres Suchens sein kann -

wir werden sie nie erreichen. Eine derart wertfreie Forschung schafft lediglich leere Räume, in denen wir Menschen hilflos umherirren. Wir müssen gemeinsam neue Motive und Ziele für unser Suchen finden. Wissensdrang muß sich verbinden mit unseren Hoffnungen, mit unseren Fragen nach sinnvoller Zukunft, nach Liebe und Geborgenheit und erfüllenden Formen des Zusammenlebens.

Diese Verbindung zu schaffen wird die große Aufgabe im neuen Jahrtausend sein. Ich sage bewußt "Jahrtausend", denn ein Jahrzehnt oder Jahrhundert wird nicht ausreichen, unsere bisherigen Irrwege zu korrigieren. Wir stehen noch am Anfang neuer Wege und haben kaum eine Ahnung, wohin sie führen werden.

Dieses Buch ist ein kleiner Versuch, am Beispiel Zeit unser Wissen und Fühlen zusammenzubringen. Das Thema eignet sich dazu besonders, denn nichts ist so sehr objektiv meßbar und gleichzeitig subjektiv erlebbar wie die Zeit.

Informative und meditative Texte erwachsen hier einer aus dem anderen, ergänzen sich und sind nur als Einheit zu verstehen. Pendeln Sie mit uns zwischen den objektiven und persönlichen Seiten der Zeit hin und her. Lassen Sie sich zu den Gefühlen, Ängsten und Hoffnungen der Menschen leiten, die lange vor Ihnen lebten - und zu Ihren eigenen.

Wir möchten eine Vorstellung davon geben, wie verstandesmäßiges und seelisches Suchen aus einem Ursprung kommen, neu zusammenwachsen und gemeinsam für eine hoffnungsvolle Zukunft fruchtbar werden können.

TAG UND NACHT

Seit ewigen Zeiten ...
dreht sich die Erde um ihre Achse. Sie läßt die Sonne aufgehen und wieder am Horizont verschwinden, zaubert den Mond und die Sterne ans Firmament und läßt sie wieder verblassen. So wird aus Abend und Morgen: Tag und Nacht. Keine andere Naturerscheinung beeinflußte und beeinflußt das Leben und Erleben der Menschen so sehr. Der Auf- und Untergang der Sonne, der stetige Wechsel von Helligkeit und Dunkelheit, regelt den Tagesablauf, bestimmt Empfindungen des Körpers, wie Müdigkeit und Wachheit, und löst Gefühle aus, wie Angst und Hoffnung.

Die Nacht ...
empfand der Mensch jahrtausendelang nicht als Zeit. Sie war nur bedrohliches Dunkel - Unzeit. Ihn bewegte jeden Abend neu die bange Frage: Wer wacht, wenn ich schlafe? Erleichtert nahm er jeden Sonnenaufgang wahr, dankbar, daß nun sein Leben wieder neu beginnen durfte. Schon in uralten Gedichten, Liedern und Gebeten finden wir dieses Lebensgefühl.

Nacht

Und wieder
versinkt die Sonne am Horizont;
die Nacht bricht herein,
vor der ich mich so fürchte.

Dunkelheit wird wieder um mich sein.
Ich finde keinen Trost,
nichts ersetzt die hellen Strahlen
der Sonne.

Dunkel wird es nicht nur am Horizont.
Dunkelheit breitet sich aus in mir.
Ich bin allein;
die Menschen des Tages
sind nicht mehr da.
Wen ich auch suche,
niemand ist da.
Wen ich auch rufe,
ich erhalte keine Antwort.

In mir sind die Stimmen der Nacht,
Wortfetzen aus der Vergangenheit,
bange Fragen an die Zukunft.
Wer nimmt mir die Angst meiner Nacht?
Wer gibt mir Kraft für den folgenden Tag?
Wer ist da,
meine Seele sanft zu berühren?
Laß mich spüren:
Es wird ein neuer Tag beginnen,
neues Leben
nach dieser Nacht!

"Zeit" ...
so definieren die Naturwissenschaftler, "ist der Abschnitt zwischen zwei periodisch sich wiederholenden Ereignissen." Wie sich diese Ereignisse immer wiederholen, ist allen Menschen sichtbar: Aufgang und Untergang der Sonne. Das ist und bleibt das augenscheinlichste Zeitmaß der Menschheit.

Für einen Hirten, der vor sieben Jahrtausenden seine Schafe und Ziegen durch die Ebene südlich der Stadt Ur leitete, gab es noch kein anderes Maß für das, was wir Zeit nennen. Seine einzige Uhr war das Himmelsgewölbe über ihm, an dem sich des Tages die Sonne und des Nachts der Mond und die Sterne bewegten.
Die Gleichförmigkeit dieser Bewegungen gaben ihm Halt und Zuversicht. Auf Tag und Nacht, auf die Jahreszeiten, auf Wachsen und Vergehen konnte er sich verlassen. Er spürte: Es gibt Zuverlässiges mitten in meinem täglichen Kampf ums Überleben. Die Beobachtung der Gestirne half ihm, sich nicht mehr als Opfer einer unberechenbaren Unordnung, sondern als Teil dieser beeindruckenden Ordnung zu fühlen. “Ich bin geborgen, umsorgt und geleitet wie meine Schafe, die unter meinem Schutz stehen”, wurde ihm zum Glaubenssatz. In Liedern gab er dieser Gewißheit Ausdruck. In den biblischen Palmen ist uns sein Denken, Hoffen, Fühlen unmittelbar überliefert. Wir können uns vorstellen, wie er sie betete und sang - gegen alle tägliche Ungewißheit und Angst.

Geborgen

Ich bestaune den Himmel,
Mond und Sterne auf ihren Bahnen.
Wie klein ist doch der Mensch,
und doch leitest du,
der über allem steht,
auch ihn. (Psalm 8)

Der Himmel ruft allen zu:
“Groß und allmächtig ist Gott.”
Die Gestirne bezeugen seine Schöpfermacht.

Ein Tag sagt es dem anderen weiter,
die Nacht ruft es der nächsten zu.
Ich höre keinen Laut,
und doch geht eine Botschaft
bis ans Ende der Erde.
Ich sehe die Gestirne auf ihren Bahnen
und erkenne, du zeigst auch mir
den Weg zum Leben. (Psalm 19)

Gott ist mein Hirte.
Immer sorgt er für mich,
er bringt mich auf saftige Weiden,
am frischen Wasser läßt er mich ruhen.
Er gibt mir Kraft und führt mich,
damit ich mich in der unendlichen Weite
nicht verlaufe. (Psalm 23)

Bleiben wir noch ...
beim chaldäischen Hirten. In manchen Büchern steht zu lesen: “Für mehr Zeiterkenntnis, als Tag und Nacht zu unterscheiden, war der Geist dieses einfachen Menschen noch nicht entwickelt.” Welch hochmütiger Unsinn! Wie scharf war doch seine Beobachtungsgabe. Die Spur des Raubtieres, das heranziehende Unwetter, das Wohl- oder Unwohlsein seiner Tiere, den Weg zur Wasserstelle - er erkannte die Zeichen mit unvorstellbarer Sicherheit. Er erkannte in der Länge des Schattens, den sein Hirtenstab warf, wann es Zeit war, die Tiere zu tränken, eine Rast einzulegen oder die Richtung des Weges zu ändern. Das war sein Leben; eine weitere Aufteilung der Zeit in kleinere oder größere Abschnitte machte für ihn keinen Sinn. Und warum hätte er die Tage zählen sollen? Für ihn floß die Zeit noch nicht dahin; denn jeder Tag kam am nächsten Morgen zurück.

Tag und Nacht, der Morgen, der Mittag und der Abend, Zeit zum Wandern, Zeit zum Essen und zum Trinken, Zeit zum Ruhen - der Himmel gab ihm dafür das Raster; mehr Zeiteinteilung hatte für ihn keinen Wert.
Nicht Hochmut darf uns bewegen, wenn wir diesen Hirten vor unserem geistigen Auge sehen. Lassen wir uns doch von ihm leiten, mit auf den Weg nehmen; er kann uns - mitten in unserer Jagd nach immer größeren Sensationen - helfen, die Zeit anzuhalten, die Sinne zu öffnen, Kraft zu schöpfen aus den kleinen und großen Wundern des Alltags. Wenn wir die Bewegung sehen, die sich in den größten und kleinsten Teilen des Universums vollzieht, so fragen wir üblicherweise nach wissenschaftlichen Erklärungen und Zusammenhängen, nach Ursache und Wirkung. Doch aus dem Blick in die Zeit kann auch ein Blick in unser Ich werden, in unsere Ängste und Hoffnungen, unsere Sehnsucht, unseren Glauben - der Hirte schon hat es uns vorgemacht.

Mitten in meinem Leben

Ich beneide ihn nicht,
den chaldäischen Hirten,
der seit Jahrtausenden
seine Herde begleitet,
die sein Leben ausmacht.

Ich beneide ihn nicht,
denn ich liebe,
was mein Leben ausmacht,
so vielfältig,
so technisch,
so reichlich.

Doch ein Stück von ihm laß mich finden
in dem, was mein Leben bestimmt.

Seine Geborgenheit in der ewigen Landschaft
laß mich finden in den engen Straßen meiner Stadt.
Seine Dankbarkeit für das karge Wachsen in der Wüste
laß mich finden auf rissigem Asphalt.
Seine Zufriedenheit mit einer Hand voll Lebensnotwendigem
laß mich finden mitten im satten Überfluß.

Ich beneide ihn nicht,
denn ich liebe,
mein Leben,
so geschäftig,
so schnell,
so unbedenklich.

Doch ein Stück von ihm laß mich finden
mitten in meinem Leben.

Laß mich am Morgen so aufatmen
und spüren,
daß mein Leben täglich neu beginnt.
Laß mich dann und wann die Zeit vergessen,
die Stunden und Tage nicht zählen.
Laß mich am Abend mitfühlend bei denen sein,
die so viel Grund haben, die Nacht zu fürchten.

Ein Stück von ihm laß mich finden
in getroster Ruhe und Kraft für jeden neuen Tag.

DER URSPRUNG UNSERES WISSENS

Im Lande der Chaldäer ...
dort beim Hirtenvolk, liegt der Keim all unseres Wissens über die Zeit. Werfen wir einen Blick in dieses Gebiet des heutigen Staates Kuweit. Das weite Land der Chaldäer zog sich vom Persischen Meer im Süden bis zum unteren Stromlauf des Euphrat im Norden. In diesem Land entwickelte sich eine mächtige, gelehrte Priesterschaft, welche die grundlegenden, noch heute gültigen Forschungsergebnisse zur Zeitmessung und Kalendergestaltung lieferte. Was hat sie bewogen, so intensiv in den Tag- und Nachthimmel zu schauen und die sich dort periodisch wiederholenden Ereignisse wissenschaftlich festzuhalten? In erster Linie waren sie erfüllt von einer religiösen Neugier und suchten in den kleinen und großen Naturwundern die Spuren Gottes. Der bloße Tag- und Nachtrhythmus war darüber hinaus für die Einhaltung der vielfältigen religiösen Gesetze und Vorschriften zu grob; kleinere Zeiteinheiten mußten bestimmt werden. Zudem gab es schon einen umfangreichen Handel auf den Schiffahrts- und Karawanenstraßen, der eine geographische Orientierung an den Gestirnen und die präzise Einteilung zeitlicher Abläufe erforderte.

So waren es die chaldäischen Priester ...
die durch die Beobachtung des scheinbaren Laufes der Sonne um die Erde entdeckten, daß diese Bahn durch

zwölf in gleichen Abständen stehende Sternbilder markiert ist. Sie gaben diesen Sternbildern die Namen, die noch heute gültig sind: Widder, Stier, Zwilling, Krebs, Löwe, Jungfrau, Waage, Skorpion, Schütze, Steinbock, Wassermann und Fische. Sie registrierten die mit bloßem Auge sichtbaren Planeten unseres Sonnensystems, ermittelten die Reihenfolge ihrer Anordnung und erforschten ihren Lauf. Sie faßten die fernsten, scheinbar unbeweglich an den Himmel gehefteten Sterne (die Fixsterne) zu Gruppen zusammen und gaben ihnen ihre Namen. Sie errechneten die Neigung der Erdachse zur Sonnenbahn, indem sie die Jahreszeiten, die veränderlichen Tag- und Nachtlängen und wechselnden Schattenlängen eines Gegenstandes zueinander in Beziehung setzten.
Wir sehen, sie hatten fast alle Geheimnisse des Alls erkannt.

Doch nicht nur Priester und Wissenschaftler ...
schauten in das All. Es war bei allen Menschen selbstverständlich, im klaren Nachthimmel Antworten auf Fragen nach der persönlichen Zukunft zu suchen und sich in die Ängste, Hoffnungen, Sehnsüchte ein "stilles Wort" aus der Unendlichkeit zurufen zu lassen.

In die Sterne schauen

Auch ich könnte mal wieder
in die weite, sternenklare Nacht
schauen,
um Unendlichkeit zu erahnen
und Ewigkeit zu verspüren.

Ich könnte mal wieder
die Sterne zählen,
fragend, wieviel Zukunft bevorsteht,
wieviel Segen sein wird,
wieviel Hoffnung ich haben darf.

Ich könnte mal wieder
zu den Sternen schauen,
nicht, um sie zu deuten,
aber um zu hören,
welche Antwort
aus der Stille
zu mir dringt.

Ich könnte mal wieder
in die Sterne schauen
und mir zurufen lassen:
"Der Segen,
der über der ewigen Vergangenheit
und unendlichen Zukunft liegt,
gilt auch für dich."

Nördlich von Chaldäa ...
im heutigen Gebiet des Staates Irak, zwischen den Strömen Euphrat und Tigris, lag das riesige Reich Babylonien mit seiner Hauptstadt Babel. Ein überaus reiches Land. Das Klima, die beiden Flüsse und ein Netz künstlicher Kanäle ermöglichten eine derart fruchtbare Land- und Gartenwirtschaft, daß wir heutzutage auf der Suche danach, wo wohl das Paradies gewesen sei, sicher sind: Hier war es. Vor sieben Jahrtausenden schon begann hier die Kultur zu blühen wie die Landschaft, und die Wissenschaft brachte Früchte, von denen wir noch heute zehren. Hier wurde nicht nur sehr

früh das Geld erfunden, sondern auch der Ziegelstein, mit dem mächtige Wohn- und Tempelbauten errichtet wurden. In Babel stand eines der sieben Weltwunder: der dem Gott Baal geweihte Tempel mit seinem 185 Meter hohen Turm. Baal, was zu Deutsch "Herr" bedeutet, war die göttliche Verkörperung der Lebenskraft, die in der Fruchtbarkeit eines Landes augenscheinlich wurde. Alles Gedeihen, aller Segen hing an Baal. Nachdem die Babylonier etwa 2000 v. Chr. von den Chaldäern unterworfen worden und beide Völker verschmolzen waren, diente der Turm auch als Sternwarte - die bisherigen Forschungen der Chaldäer konnten hier erfolgreich fortgesetzt und präzisiert werden.

Was ist ...
ein Tag, eine Nacht, eine Woche, ein Monat, ein Jahr? Im Land der Chaldäer und Babylonier, in den Weiten um die Stadt Ur, wurden Antworten auf diese Fragen gegeben, die noch heute unsere "Zeit" ausmachen. Bei der Festlegung des Tages lag es nahe, die Sonne als Zeitmesser zu nehmen. In dem Moment, da die Sonne am Horizont erschien, begann der Tag; er währte bis zu ihrem Untergang. (Erst viel später, zu Beginn der Neuzeit, fing man an, die gesamten 24 Stunden als Tag zu verstehen.) Die Sonne macht eine Bestimmung des Tages einfach. Aber wie ist es beim "Monat" und beim "Jahr"? Welcher Zeitabschnitt ist ein Monat, welcher ein Jahr? Da von einem Neumond zum anderen genau 29,5 Tage vergehen, liegt es doch nahe, die Zeit dazwischen "Monat" zu nennen. Viele asiatische Völker haben diesen Schluß gezogen. Um einen Bezug zu den vier Jahreszeiten zu erhalten, haben sie zwölf oder dreizehn dieser Monate zu einem Jahr aneinandergereiht. Ein solches Jahr hatte folglich 354 oder 383 Tage. Bei dieser Festlegung des Jahres durch reine Mondmonate

begann das Jahr - im Vergleich zu den natürlichen Jahreszeiten - jährlich früher (bei zwölf Monaten) oder später (bei dreizehn Monaten). Da fiel der Sommer dann auf Dauer in den Winter und auch die Termine der Fest- und Feiertage wanderten durch das Jahr.
Die Babylonier trennten sich vom "Mondjahr". Ihr Kalender orientierte sich an der Sonne. Sie legten das Jahr mit 365 Tagen fest. So hat es sich auf der ganzen Welt verbreitet - das Mondjahr gibt es nicht mehr. Das bedeutet, daß unser heutiger Monat nur noch dem Namen nach etwas mit dem Mond zu tun hat; am Umlauf des Mondes orientiert er sich nicht mehr. Er ist durch die gleichmäßige Aufteilung des Sonnenjahres in zwölf Abschnitte entstanden.

Der Aberglaube ...
um die Zahl 13 hat in der Abschaffung des Mondjahres seinen Ursprung. Denn die Anhänger des 13monatigen Mondjahres wollten, daß ihr Mond - den sie als Gottheit verehrten - seine Stellung behielt. Es entwickelte sich ein erbitterter Glaubenskrieg um die Frage: "Welcher Gott ist stärker - Sonne oder Mond?" Schließlich wurde der Mond seiner Stellung beraubt. Die 13 gilt seither als Unglückszahl, so daß manche Völker nicht nur den 13. Monat wegließen, sondern auch bei der Zählung der Tage im Lauf des Monats von 12 gleich auf 14 sprangen. Dies zeigt beispielhaft, wie die Geschichte der Kalendergestaltung und Zeitmessung gleichermaßen von getrostem Glauben und ängstlichem Aberglauben begleitet ist. Denn sie ist immer eng verbunden mit der Bewältigung menschlicher Ängste, Hoffnungen, Sehnsüchte und ist von der Suche nach dem Sinn des Lebens nicht zu trennen. Zumeist wuchs durch die Beschäftigung mit der "Zeit" der Glaube an eine allmächtige Kraft, an Gott, der stets da ist, an einen "Wege-Gott",

der auch die Bahnen der Menschen leitet und begleitet. Doch wo Angst die Übermacht gewann, wuchs aus der Beobachtung des Kosmos schnell Aberglaube. Sternenkult, Silvesterbräuche und unzählige seltsame "Kalenderweisheiten" zeugen davon.

Aberglaube

Keiner findet es seltsam

daß du die schwarze Katze fürchtest
daß du mit lautem Knallen Dämonen vertreibst

Keiner lacht dich aus

daß der Schornsteinfeger deinen Tag verändert
daß das vierblättrige Kleeblatt dir neue Hoffnung gibt

Man hofft mit dir

daß du deinem Talisman vertraust
daß du ohne dein Maskottchen nicht leben kannst

Man versteht es gut

daß die 13 dir Unglück bringt
daß in den Sternen dein Schicksal steht

Man freut sich

daß du einen Glauben hast
du darfst ihn gern mitnehmen in eine neue Zeit

Doch wie seltsam, wenn du hoffst

daß ein gutes Wort heilende Wirkung hat
daß freundliche Gedanken verändernde Kraft besitzen
daß eine Berührung aufleben läßt

Man schaut dich zweifelnd an

daß der Segen des allgegenwärtigen Gottes
alles Gute bewirkt
daß der Mann aus Nazareth neue Zukunft zeigt

Man findet dich seltsam

daß die Kraft, die Himmel und Erde bewegt
dein Leben erneuert
daß ein Gebet deinen Tag verändert
daß Liebe Berge versetzt

Man rät dir, dies lieber für dich zu behalten

Aber so

wird die Zukunft nicht heller
als die Vergangenheit sein

Kriegerische Auseinandersetzungen ...
mit den Nachbarvölkern über Jahrhunderte hinweg schwächten Babylonien. Einen politischen und kulturellen Höhepunkt erreichte das Land später noch einmal unter dem König Nebukadnezar (605-562 v. Chr.), der den vorher durch die Assyrer zerstörten Babylonischen Turm wieder aufbauen ließ. Nebukadnezar un-

terwarf die Nachbarvölker Syrien, Tyrus und Juda. Er verschleppte große Teile dieser Völker in die (babylonische) Gefangenschaft, die erst durch den Perserkönig Kyros (537 v. Chr.) beendet wurde. 330 v. Chr. wurde das Land von Alexander dem Großen erobert. Mehrere Völker wechselten sich dann in der Herrschaft ab, bis es 635 n. Chr. an die Araber fiel. Der heutige südliche Irak war also das alte Babylonien; das heutige Kuwait war das Land der Chaldäer. Und wenn man heute im Wüstensand vor den Überresten des babylonischen Turmes steht, die einstige Größe erahnend, drängt sich die Frage auf, was Bestand hat - über die Zeit hinweg.

Was bleibt?

Die Sterne am Himmel
leuchten auf und vergehen;
manche entdecke ich staunend neu;
andere suche ich vergeblich wieder.

Wie Sterne am Himmel leuchten sie auf,
mächtige Staaten dieser Welt,
stark, ruhmvoll, unüberschaubar.

Wie Sterne am Himmel leuchten sie auf,
die Stars und Starletts dieser Welt,
angehimmelt, blendend,
beneidet, unerreichbar.

Doch laß einen Takt der Zeit vergehen,
und sie sind nicht mehr da.
Wie Sterne am Himmel verblassen sie,
Menschen und Völker.

Ihre Spuren
liegen verborgen im Wüstensand.
Vergilbte Zeitschriften
wecken schwache Erinnerungen.

Die Zeit geht schnell dahin,
als führe sie davon,
nichts blieb von dem,
was ewig schien.

In solchem Glanz liegt nicht
der Sinn des Seins.
Nur wer von der Vergänglichkeit weiß,
hat die Chance, das Leben zu finden.

Wer im Leben
lebendig wird,
kann nicht vergehen.

So laß mich nicht danach streben,
aufzusteigen zum Firmament.
Laß mich auf der Erde bleiben -fest.
Laß mich Versöhnung suchen - jetzt.
Laß mich das Leben finden - hier.

DIE SONNENUHR

"Wie spät ist es?"

Diese Frage stellt sich der moderne Mensch mehrmals täglich. "Wie hoch ist der Tag?" lautete diese Frage bei den Hirtenvölkern des Alten Testaments. "Es ist noch hoch am Tag, es ist noch nicht Zeit, das Vieh zu sammeln. Tränkt die Schafe und geht hin, weidet sie!" rät Jakob im 1. Buch Mose. Die Zeit floß damals noch nicht unwiederbringlich dahin; sie war hoch oder tief und kehrte täglich wieder.

Kleinere Zeitabstände wird Jakob am Schatten, den sein Hirtenstab warf, abgelesen haben. Dieser Hirtenstab war ein vielseitig benutzbares Instrument: Man konnte sich darauf stützen; als einbeiniger Stuhl war er verwendbar; er half, sich wilder Tiere zu erwehren und den Weg freizumachen von Ungeziefer und Spinnennetzen. Er war ein unverzichtbarer Begleiter und eben auch die erste Uhr, die ein Mensch ständig bei sich hatte. Mit diesem Stab konnte man Gegenstände in weiter Entfernung "anpeilen" und ihre Entfernung zueinander abschätzen. Zur Messung von Sternenabständen und als Navigationsinstrument in der Seefahrt diente der Jakobsstab noch bis in die Neuzeit.

Der Schattenstab ...

ist die einfachste Form der Sonnenuhr. Mit seiner Hilfe erkennen wir die Grundlagen unserer Zeiteinteilung: Jede Schattenlänge des Morgens wiederholt sich am Nachmittag des Tages. Genau zwischen diesen beiden Linien liegt der Schatten, der den Mittag anzeigt - die

Mittagslinie. Die Mittagslinie ist der kürzeste Schatten eines Tages. Jetzt steht die Sonne an der höchsten Stelle (im Meridian). Stellt man den Stab in die Mitte eines Kreises, den man in 24 gleiche Abschnitte teilt, so braucht der Schatten eine Stunde, um von einem dieser Abschnitte zum nächsten zu wandern. Die Zeit von einem Sonnenhöchststand bis zum Sonnenhöchststand des nächsten Tages heißt “Wahrer Sonnentag”.
Beobachtet man die Länge des täglichen Mittagsschattens ein Jahr lang, so lassen sich die Jahreszeiten ermitteln: Im Laufe des Jahres zeigt die Mittagslinie drei bedeutsame Schattenlängen, nämlich die kürzeste (zur Sommersonnenwende), die längste (zur Wintersonnenwende) und zwei gleiche, mittlere Längen (zur Tagundnachtgleiche). Die Zeit vom kürzesten Schatten bis zur Herbst-Tagundnachtgleiche ist der Sommer; weiter bis zum längsten Schatten ist der Herbst; der Zeitabschnitt bis zur Frühlings-Tagundnachtgleiche ist der Winter; bis dann wieder der kürzeste Schatten angezeigt wird, erstreckt sich das Frühjahr.
Die Zeit von einem Frühlingsanfang bis zum nächsten nennen wir “Tropisches Jahr”.

Der große Bruder des Schattenstabes ...
ist die Spitzsäule, der Obelisk. Noch heute zieren solche Spitzsäulen öffentliche Plätze an vielen Orten der Welt. Alte ägyptische Obelisken, die mit viel technischem Aufwand nach Europa gebracht wurden, finden wir in London (Nadel der Cleopatra), auf dem Pariser Place de la Concorde und auf dem Petersplatz in Rom. Der 25 m hohe Obelisk auf dem Petersplatz, den 39 n. Chr. Caligula aus der ägyptischen Ruinenstadt Heliopolis, der Stadt des Sonnengottes, nach Rom bringen ließ, wurde von den Römern noch viele Jahrhunderte zu Zeitmessungen benutzt.

Kleine Sonnenuhren ...
aus Holz erfreuten sich als Taschenuhren besonders in Ägypten großer Beliebtheit. Hier war der kurze Stab auf einem Holzstück mit Zifferblatt angebracht.

Monumentale Sonnenuhren ...
wurden schon lange vor Beginn unserer Zeitrechnung von vielen Völkern gebaut - z. T. mit mehreren riesigen, in der Form und Höhe unterschiedlichen "Schattenstäben" und mit mächtigen, vielfältig geneigten und gewölbten Zifferblättern aus Stein. Missionare späterer Zeiten erkannten nicht, daß diese Gebäude astronomischen Zwecken dienten. Man mochte sich nicht vorstellen, daß eine hochentwickelte Wissenschaft Anlaß für diese Bauten war. Denn damit hätte man zugeben müssen, wie hoch diese Völker des Altertums, die man überfiel, ausraubte, dahinmordete, kulturell standen. Man wollte glauben, daß sie mit ihren Bauwerken nur seltsamen Göttern huldigten - so hatte man das gute Gewissen, ihnen nun den "wahren" Gott zu bringen. Bis in unser Jahrhundert unterstellte man diesen Völkern einen sehr naiven Geist. In Schulbüchern findet man noch heute diese "missionarische" Überheblichkeit, die sich durch das ganze zweite Jahrtausend unserer Zeitrechnung zieht.

Schuldig geworden

Überreste einer großen Kultur
finde ich im Wüstensand Afrikas,
in den Hochebenen Mittelamerikas,
in den Wäldern Asiens,
überall auf der Welt.

Zeichen einer fernen Zeit,
verkannt, vernichtet, zerstört,
dem Boden gleichgemacht, ausgelöscht.

Der Geist der Menschen,
die hier lebten,
liebten, hofften,
glücklich waren,
forschten und litten,
ergreift mich.

Betroffen frage ich,
was hat mein Hochmut,
was hat meine Dummheit,
was hat mein Glaube,
was hat mein Unglaube
euch angetan?

Staunend erkenne ich,
wie demütig,
wie weise,
wie verbunden mit der Kraft Gottes
ihr wart.

Beschämt gestehe ich:
Ihr lebtet so lange vor mir
und wart mir doch so weit voraus.

DIE GRUNDLAGEN DER ASTRONOMISCHEN ZEITBERECHNUNG

Seit Galileo Galilei ...
wissen wir, daß nicht die Erde, sondern die Sonne Mittelpunkt unseres Sternensystems ist und sich die Erde um die Sonne bewegt. Doch die von den frühen Kulturen berechneten Zeitabschnitte wie Sonnentag und -jahr, Sterntag und -jahr verlieren durch diese Wende in der Weltsicht nicht ihre Gültigkeit. Ob sich die Sonne um die Erde dreht oder umgekehrt - dies bleibt relativ, und die Bewegungen zueinander verändern sich nicht.

Ein natürliches Sonnenjahr ...
also die Zeit, in welcher die Erde auf ihrem Kreislauf um die Sonne in dieselbe Position zurückkehrt, dauert 365 Tage, 5 Stunden, 48 Minuten, 47,4 Sekunden; das sind 365,2422 Tage.
Nehmen wir nicht die Sonne, sondern einen fernen Fixstern zum Maßstab, so erhalten wir das Sternjahr.

Ein Sternjahr ...
also die Zeit, bis die Erde wieder genau unter diesem Stern ankommt, hat eine Länge von 365 Tagen, 6 Stunden, 9 Minuten, 11 Sekunden = 365,2564 Tagen.
In der Astronomie verwendet man für Zeitberechnungen den Sterntag.

Ein Sterntag ...
ist die Zeit, welche die Erde braucht, um bei einer ein-

maligen Umdrehung um ihre Achse wieder genau unter demselben Stern zu stehen. Der Sterntag hat eine Länge von 23 Stunden, 56 Minuten, 3,5 Sekunden. Er ist also etwas kürzer als der Sonnentag mit seinen 24 Stunden. Das bedeutet, daß alle Fixsterne täglich fast vier Minuten früher auf- bzw. untergehen. Die Erde bewegt sich auf ihrer Bahn um die Sonne mit unterschiedlicher Geschwindigkeit. Nehmen wir die Sonne als Bezugspunkt, so ist dies auffällig - in bezug auf die in unendlicher Ferne liegenden Fixsterne sind diese Unterschiede gering und fallen nicht ins Gewicht. Der Sterntag ist somit das präziseste Zeitmaß der Astronomie.

Geschwindigkeit verlangsamen

Wie die Erde sich dreht,
mit 1670 Stundenkilometern
um ihre Achse!
Kann ich da Halt bewahren?

Ich entsinne mich,
wie ich als Kind auf dem Jahrmarkt
auf einer sich drehenden Platte stand,
mich um die eigene Achse bewegte.
Nein, ich konnte den Halt nicht bewahren.
Und wie ich torkelte, fiel, rutschte!

Mit welcher Geschwindigkeit
die Erde um die Sonne rast!
30 Kilometer pro Sekunde legt sie zurück.
Wie kann ich da die Orientierung behalten?

Ich sehe das Kettenkarussell vor mir,
in dem ich als Kind so gerne im Kreise flog.

Wir versuchten uns etwas zuzurufen
oder gar die Hand einer Freundin zu fassen,
die neben uns flog, oft vergeblich.

Noch schwerer ist es,
bei der rasanten Fahrt dieser Welt
einen freundlichen Blick zu werfen und zu
erhaschen,
eine Hand zu reichen und zu greifen,
ein gutes Wort zuzurufen und zu hören.

Schneller als jedes Karussell
bewegt sich diese Welt.
In der nächsten Sekunde
sind wir mit ihr
schon 30 Kilometer
weiter auf ihrer Bahn.

Als Kind, auf dem Karussell,
haben wir Übung darin bekommen,
die Geschwindigkeit
in Gedanken zu verlangsamen.
Bei rasender Bewegung
haben sich unsere Blicke getroffen,
unsere Hände erreicht,
als stünden wir still.

Wie ein Karussell ist diese Welt,
immer schneller rast die Zeit.
Und doch kann man es schaffen,
sich Blicke zuzuwerfen,
Hände zu reichen,
Worte zu sagen,
die Zeit anzuhalten,
die Welt stillstehen zu lassen.

Der Ruf
“Ich liebe dich!”
kann noch gelingen.

Wir haben alles das geübt,
bei einer Geschwindigkeit,
die uns Angst und Freude machte,
als wir noch Kinder waren.

DER VORLÄUFER UNSERES KALENDERS

Die Suche nach der Zeit ...
hat alle Völker zu allen Zeiten beschäftigt. Spannend ist, welche Kalender, Uhren und Kulte sich in den verschiedenen Teilen der Welt entwickelten. Die Kalender der Chinesen, Japaner, Inder, Araber, Juden, Azteken und vieler indianischer Völker sind bemerkenswert. Ihr geistiges und religiöses Ringen um "Zeit" ist eine wahre Fundgrube an Erkenntnis - auch für uns. Doch in diese Vielfalt können wir hier nicht blicken. Wir wenden uns direkt dem Kalender zu, aus dem unser jetziger hervorging und welcher nun auf der ganzen Welt gültig ist.

Weit zurück ...
blicken wir dazu. Um das Jahr 1200 v. Chr. hatten griechische Krieger viele Jahre lang vergeblich versucht, die kleinasiatische Stadt Troja einzunehmen. Erst eine sagenhafte Kriegslist, das "Trojanische Pferd", ermöglichte den Einzug der Truppen in die sich zur Wehr setzende Stadt. 30 griechische Krieger hatten sich in diesem hohlen Holzpferd versteckt. Arglos holten die Trojaner das Pferd mit den Soldaten in ihre Festung. Trümmer und Tote hinterließen die listigen Eroberer. Nur wenige Trojaner entkamen, unter der Leitung des Helden Äneas. Die Flucht führte sie weit übers Meer nach Italien, wo sie an der Westküste die Stadt Alba Longa gründeten. Äneas und seine Nachfolger regierten hier als Könige. Generationen später sollte die schö-

ne Rhea Sylvia den Königsthron besteigen; doch ihr Onkel fand, sie sei zu schön für solche weltlichen Aufgaben, und er zwang sie, als Jungfrau den Göttern zu dienen. Der Kriegsgott Mars nahm dieses Geschenk gerne an. Doch Jungfrau sollte sie nach seinem Willen nicht bleiben. Er vermählte sich mit ihr, und sie gebar die Zwillinge Remus und Romolus. Als der enttäuschte Onkel die beiden Jungen, in denen er nur "Zeugen der Fleischeslust" sah, aussetzen ließ, schickten die Götter eine Wölfin, die sie mit ihrer Milch großzog. Als Romulus dann im Streit um die Macht den Bruder Remus getötet hatte, begann er mit dem Bau einer neuen Stadt: Rom.

Romulus ...
benötigte einen Kalender, um die Regierungsgeschäfte dieser schnell wachsenden Stadt zu bewältigen. So begann mit ihm der lange, wechselhafte Weg der römischen Zeitberechnung. Der von ihm entwickelte Kalender hatte nur 10 Monate: mit den Namen Martius, Aprilis, Maius, Junius, Quintilis, Sextilis, September, October, November, December. Wir erkennen einige unserer Monatsnamen wieder und verstehen, woher z.B. der September seinen Namen hat. Als siebter Monat dieser Reihe ist er nach der lateinischen Zahl "Septem" (sieben) benannt; in Oktober steckt die Acht (Lat. octo = acht), und der Dezember trägt als damals zehnter Monat seinen Namen zu Recht, denn "Decem" bedeutet Zehn. Diese Monate hatten 30 bzw. 31 Tage und ergaben zusammengerechnet eine Jahreslänge von 304 Tagen. Für Romulus lag nahe, zehn Monate festzulegen, denn zehn Finger hat der Mensch - da ließen sich die Monate leicht an beiden Händen abzählen, aber astronomisch gesehen war dies dilettantisch.

Zeit ist ...
immer der Abschnitt zwischen zwei periodisch wiederkehrenden Ereignissen (z.B. Sonnenaufgang oder Neumond). Bedenken wir dies, so merken wir sofort, daß mit dem Kalender, den Romolus sich zurechtgebastelt hatte, eine Zeitberechnung unmöglich war. Denn weder seine Monate noch ein solches Jahr paßten zur regelmäßigen, beobachtbaren Bewegung des Mondes, der Sonne, der Erde oder irgendeines Planeten.

Der Kaiser Numa Pompilius ...
hat daher nach dem Tode des Romulus sofort im Jahre 717 v. Chr. die Monate zu echten "Mondmonaten" mit 29 bzw. 30 Tagen umgewandelt und gleichzeitig zwei Monate hinzugefügt: Januaris und Februaris.
So erhielt das Jahr die uns bekannten 12 Monate. Und wenn wir bedenken, daß einige Jahrhunderte später die Monate Quintillis in Julius (nach Julius Cäsar) und Sextillis in Augustus (zu Ehren des Kaisers Augustus) geändert wurden, haben wir wieder genau unsere Monatsnamen. Geblieben ist, daß der zwölfte Monat "Zehnter" (december) und der zehnte Monat "Achter" (october) heißen - aber das störte schon damals keinen.

Probleme ...
ergaben sich eher, weil Pompilius das Jahr aus zwölf reinen Mondmonaten zusammensetzte. Sie hatten im Durchschnitt 29,5 Tage, was genau dem natürlichen Zeitabschnitt von Neumond zu Neumond entsprach. Dieses Jahr dauerte insgesamt nur 354 Tage. Es begann somit, gemessen an den natürlichen Jahreszeiten, Jahr für Jahr früher. Da man das astronomische Wissen, welches die Babylonier (und viele andere Völker) schon Jahrtausende vorher besaßen, nicht hatte, scheiterten nun alle Versuche, aus diesem Kalender etwas Sinnvol-

les zu machen. Man schob Schalttage ein, verlängerte die Monate, doch die Unordnung wurde noch größer.

Der Satz “Time is money” ...
entstand erst in der Neuzeit, bewies aber schon im Altertum seine traurige Wahrheit. Die Priester, denen die Kalendergestaltung zustand, nutzten das Chaos zur privaten Bereicherung. Sie verlängerten bzw. verkürzten das Jahr so, wie es ihnen gerade recht war. Dabei ließen sie sich leicht bestechen; denn mancher hohe Wahlbeamte war gerne bereit, für eine Verlängerung seiner Amtszeit reichlich zu bezahlen. Die “Zeitverwalter” genossen ihre Macht und verkauften die Zeit.

Du, meine Zeit

Gern denke ich daran zurück:
Du wecktest mich sanft am Morgen,
dir konnte ich mich anvertrauen,
in meinen Sorgen warst du bei mir,
auf dich konnte ich mich verlassen,
wir gehörten untrennbar zusammen .

Doch ich habe
deine Freundschaft längst verspielt.
Ich begann dich auszunutzen,
wie ein Stück Geld zu behandeln,
wollte dich beherrschen,
kontrollieren, an mich binden.
Ich habe dich betrogen, mißachtet,
geschlagen, geschunden und verkauft,
habe alles getan, dich zum Feind zu machen.
Und so läufst du mir nur noch davon
und beobachtest all meine Fehler.

In meinen schlimmsten Träumen
wirst du mir gar zum Ungeheuer,
lauerst mir auf, verfolgst mich,
reißt mich aus dem Schlaf,
jagst mich durch den Tag,
läßt mich des Abends
nicht zur Ruhe kommen.
Oft hast du mich im Griff,
daß mir die Luft ausgeht,
du bringst mich fast um.
In meinen schlimmsten Träumen
kommen wir nicht mehr zusammen.

Doch du sollst wissen,
solange ich lebe,
wird die tiefe Sehnsucht bleiben,
mich mit dir zu versöhnen,
dich bei mir zu haben,
mit dir eins zu sein.
In meinen schönsten Träumen
küßt du mich wach,
liege ich in deinen Armen.
Du sollst wissen, daß ich nicht mehr
der Mensch bin, der ich war.
Ich habe mich verändert,
auf der Suche nach dir.

Ich spüre, ein Neuanfang
könnte nun gelingen.
Doch wie kann man
eine Freundin wiedergewinnen,
der man so viel antat?
Wie kann ich
dich wiedergewinnen,
dich, meine Zeit?

DER JULIANISCHE KALENDER

Im Jahre 708 nach der Gründung Roms ...
(das ist aus heutigem Blickwinkel das Jahr 46 v. Chr.) kam der Kaiser Gaius Julius Cäsar von langen Feldzügen nach Rom zurück. Aus Ägypten brachte er nicht nur Kleopatra mit, die er in ihrem Land kennen- und lieben gelernt hatte. Auch einige Ideen zur Kalendergestaltung hatte er bei sich, als er im Triumphzug wieder in Rom einzog. Es war höchste Zeit, daß er nun energisch begann, mit einigen Mißständen aufzuräumen. Er nahm sich sofort die chaotische, mittlerweile willkürliche Kalendergestaltung vor und ging als Gründer der Julianischen Zeitrechnung in die Geschichte ein.

Es ging ihm ...
und seinen wissenschaftlichen Beratern in erster Linie darum, das Jahr in Übereinstimmung mit dem Lauf der Sonne zu bringen; das ist das hervorstechende Merkmal dieses Kalenders. Das Mondjahr hatte endgültig ausgedient, bewirkte es doch, daß immer wieder Tage oder gar Monate eingefügt oder weggelassen werden mußten. Diese "Schaltungen" sorgten für Verwirrung. Das Jahr erhielt nun endgültig 365 Tage. Es war somit zehn Tage länger als das bis dahin gültige Mondjahr. Also konnten die Monate nicht mehr nur 29 Tage dauern. Julius Cäsar entschied sich für 30- und 31tägige Monate, die wir heute noch haben. Damit war der neue Kalender aber noch nicht fertig, denn ein "Wahres Sonnenjahr" währt nicht nur diese 365 Tage, sondern 365 Tg., 5 Std., 48 Min., 47 Sek. - also rund 6 Stunden mehr.

Die sechs zusätzlichen Stunden ...
mußten eingebracht werden. Da ein Jahr aber nur mit vollen Tagen abschließen soll, konnte Julius sie nicht einfach an das Jahr anhängen. Sie mußten an anderer Stelle verrechnet werden. Sechs Stunden summieren sich in vier Jahren zu einem vollen Tag, also ließ Julius einfach auf drei Jahre mit 365 Tagen ein Jahr mit 366 Tagen folgen. Dieses Jahr erhielt die Bezeichnung "Schaltjahr". Schaltmonat wurde der Februar. Ja, werden Sie denken, das ist immer noch so. Doch Cäsar hängte den Schalttag nicht am Ende des Februar an, sondern zählte den 23. Februar doppelt. Dies war der Tag, an dem das Fest der Terminalen gefeiert wurde; gerne verlängerte man dieses Fest um einen Tag. (Nach dem älteren römischen Kalender des Numa Pompilius war hier sogar ein ganzer Schaltmonat eingeschoben worden.) In manchen alten Kalendern und in kirchlichen Heiligenkalendern ist der 24. Februar noch als Schalttag ausgewiesen.

Den Jahresbeginn ...
verlegte Cäsar zudem vom 1. März auf den 1. Januar, denn an diesem Tag hatten die römischen Konsuln schon immer ihr Amt angetreten. Auf Beschluß des Senates wurde zu Ehren Cäsars der Monat Quintilis in Julius umgewandelt. Der Nachfolger des Julius Cäsar ließ es sich nicht nehmen, auch noch mit einem Monatsnamen verewigt zu werden: Augustus machte aus dem Sextilis den August.

Ein kleines Problem ...
gab es noch zu regeln, bevor der Julianische Kalender gültig werden konnte: Damit das nächste Jahr pünktlich am 1. Januaris beginnen konnte, mußte das laufende Jahr verlängert werden. An mehreren Stellen wurden

deshalb Schalttage eingeschoben. So wurde das Jahr 46 v. Chr. mit 445 Tagen das längste Jahr der Geschichte. Man nannte es das “Jahr der großen Verwirrung”; und wer es positiv sehen mochte, sah darin das “letzte Jahr der Verwirrung”. Aber so ist das oft in der Weltgeschichte, einer guten Ordnung geht einiges Chaos voraus. Der Vollständigkeit halber und weil wir die Ehre nicht Cäsar allein geben wollen, sei noch erwähnt, daß einer der bekannten Gelehrten, die an diesem Kalenderwerk mitarbeiteten, M. Flavius war - nicht zu verwechseln mit J. Flavius, dem berühmten Geschichtsschreiber.

Im Prinzip ...
gilt der Julianische Kalender noch heute. Er wird auch noch weitere Jahrtausende Gültigkeit haben; eine andere Aufteilung des Jahres ist schwer vorstellbar. Es ist ja nicht so, daß wir einfach Kalender erfinden können, die Zeit ist durch die Naturerscheinungen als ewige Ordnung gegeben; es ging darum, einiges davon zu verstehen - Julius Cäsar und seinen Beratern ist das gut gelungen.
Erst am Ende des Mittelalters mußte der Julianische Kalender noch geringfügig geändert werden - doch davon später.

WASSERUHREN

Könnten wir eigentlich ...
einen Tag oder gar eine Woche ohne unsere Uhr verbringen? Könnten wir unser Zusammenleben ohne präzise Zeitmessung regeln? Wie haben die Menschen in der Antike ihren Tag eingeteilt? Sie hatten einerseits die Sonnenuhren, wie wir sie weiter oben beschrieben haben. Allerdings war es damit schier unmöglich, kurze Zeitabschnitte präzise zu messen. In geschlossenen Räumen, bei wolkenverhangenem Himmel und bei Nacht versagten diese Uhren ganz.
In einem geordneten Staatswesen benötigt man aber Uhren, die verstrichene Zeit immer genau angeben können. So wurden schon in grauer Vorzeit bei vielen Völkern der Welt "Wasseruhren" konstruiert. Sie waren bis ins späte Mittelalter - bis zur Erfindung mechanischer Uhren - das genaueste Zeitmeßgerät.

Die Wasseruhr ...
macht sich das physikalische Gesetz zunutze, daß eine bestimmte Wassermenge stets den gleichen Zeitabschnitt benötigt, um aus der Öffnung eines Behälters zu fließen. Die unterschiedlichen Formen der Wasseruhr waren immer nach dem gleichen Prinzip gebaut: Mindestens zwei Wasserbehälter waren übereinander angebracht. Aus einem Behälter lief das Wasser aus, der andere Behälter nahm es auf. Bei der "Auslaufwasseruhr" wurde die Zeit des Auslaufens gemessen; bei der "Einlaufwasseruhr" bestimmte die Füllung des unteren Behälters den Zeitabschnitt. Doch diese zunächst ein-

fachen Konstruktionen wurden weiterentwickelt: Es wurden Markierungen an den Glasbehältern oder auf Ziffernsäulen angebracht und Zeiger wurden von Schwimmern bewegt - um nur einige technische Feinheiten zu nennen. Wie bei den Sonnenuhren gab es auch bei den Wasseruhren ganz kleine und überdimensionale Ausführungen, in der Größe mehrstöckiger Wohnhäuser. Manche Wasseruhren mußten "rund um die Uhr" ständig gefüllt werden. Oft waren mehrere Sklaven gleichzeitig damit beschäftigt. Der römische Staatsmann Pompeius baute 62 v. Chr. eine monumentale Wasseruhr mit einer Ziffernsäule aus reinem Gold.

Irrtümlich ...
erkannten spätere Generationen in den riesigen Wasseruhren nur kunstvolle Brunnenanlagen; denn es ist so schwer für unseren Geist, der an das Ticken der Uhr gewöhnt ist, zu verstehen, daß die Zeit einmal gleichmäßig, still dahinfloß - im wahrsten Sinne des Wortes. Für lange Zeit, bis zu Beginn der Neuzeit, stagnierte die Entwicklung auf dem Gebiet der Zeitmessung . Und so "floß die Zeit" jahrtausendelang praktisch dahin.

Zeit stehen lassen

Ach, dürfte ich doch
einmal nur vergessen,
die Uhr zu stellen,
die Tage zu zählen,
an Gestern zu denken,
an den morgigen Tag.

Ich bin wie der Sklave,
der das Wasser nachfüllt,

immer wieder, pausenlos,
gefangen von der Zeit;
gefangen von denen,
die sich fürchten,
daß die Zeit stillstehen könnte.

Ach könnte ich doch
einmal nur vergessen,
die Uhr zu stellen,
das Wasser nachzufüllen,
die Minuten zu zählen,
dem Vorhin nachzuhängen,
das Nachher zu bedenken,
die Zeit in Bewegung zu halten.

Wer hält mich gefangen?

Wer ruft mir zu,
daß ich den Tag nicht machen muß
und nicht die Nacht,
daß ich nicht der Sand bin im Stundenglas,
der unermüdlich rinnen muß,
nicht die Unruh in der Taschenuhr,
die sich keinen Stillstand gönnen darf,
daß ich stehen darf,
still bleiben darf,
zuschauen - verweilen - staunen?

"Zügel der Beredsamkeit" ...
nannte man die Wasseruhren. Denn so unbekannt sie heute sind, wurden sie im Römischen Reich jahrhundertelang benutzt, um die Redezeit bei Gerichtsverhandlungen und Senatssitzungen zu begrenzen. In vielen anderen Kulturen hatten sie ähnliche Funktionen.

EINE NEUE ÄRA

Wir landen ...
nach diesem kleinen Exkurs über die Wasseruhr noch einmal im Römischen Reich, um zu beobachten, wie der Julianische Kalender seinen Weg über die Grenzen Roms in die Welt fand. Die Welt - das waren damals die Länder rings ums Mittelmeer. Die militärische Macht der Römer reichte bis in die letzten Winkel dieser Welt, und so verbreitete sich der neue Kalender in kürzester Zeit. Wer hätte bei diesem klaren Aufbau auch widerstehen können? Später war es die Kirche, die ihn mit dem Evangelium noch weiter trug. Nach der Anerkennung als Staatsreligion im Römischen Reich wurden alle christlichen Feste in diesen Kalender aufgenommen. Wohin die Missionare reisten, reiste der Kalender mit.

Der neue Kalender ...
inspirierte schon im Jahre 43 v. Chr. einen Mann namens Marcus Terentius Varro, die Jahre zu zählen. Wir können es uns kaum noch vorstellen, daß bis dahin den Jahren keine Zahl zugeordnet war. Jedes Jahr trug den Namen des jeweils amtierenden Konsuls. Varro rechnete zurück zur Gründung Roms und zählte von da an fortlaufend. Doch mittlerweile waren mehr als 700 Jahre vergangen. Deshalb konnte er den Zeitpunkt der Gründung der Stadt nicht mehr genau ausmachen. Er legte ihn - und damit den Beginn seiner Zeitrechnung - ins Jahr 753 v. Chr. Nach Varro nennt man die ganze Zeit, in der man beginnend mit "1 von der Gründung der Stadt Rom an" die Jahre zählte, die Varronische Ära.

Durchgesetzt ...
hat es sich bei fast allen Kalendern der Welt, daß die einzelnen Jahre keine Namen haben, sondern mit fortlaufenden Nummern durchgezählt werden. Eine solche Jahresabfolge, gebunden an ein bestimmtes Ereignis, nennen wir eine "Ära".
Herrschte zu den Anfängen des Julianischen Kalenders die Varronische Ära, so zählte man ab dem Amtsantritt des römischen Kaisers Diokletian (aus unserer Sicht im Jahre 284 n. Chr.) die "Diokletianische Ära", die später von den Christen in "Märtyrer-Ära" umbenannt wurde. Denn unter Diokletian mußten unzählige Christen ihr Leben lassen. Diese Ära galt mehr als 200 Jahre lang. Bis in Rom der Abt Dionysios Exiguus vorschlug, die Jahre ab Christi Geburt zu zählen. Aber seit Christi Geburt waren mehr als 500 Jahre vergangen. Die Überlieferungen und auch die biblischen Zeugnisse waren gerade bezüglich des Geburtsdatums Jesu außerordentlich ungenau. So mußte der Abt rechnen und schätzen, bis er schließlich festlegte, daß dem 248. Jahr nach Diokletian das Jahr 532 n. Chr. entspricht. Diese neue Ära zählte nun die "Jahre unseres Herrn Jesus Christus" (Anni domini nostri Jesu Christi). Sie wurde von den christlichen Ländern nach und nach angenommen; um 1000 n. Chr. war die neue Ära in ganz Europa verbreitet. Offiziell wurde sie durch den Papst aber erst ab dem Jahre 1431 eingeführt. Bis dahin - und bei der Bevölkerung noch viel länger - standen verschiedene Zeitrechnungen nebeneinander. Man rechnete gleichzeitig mit der Diokletianischen Ära, der jüdisch-biblizistischen Ära (beginnend mit der Schaffung der Welt), der Varronischen Ära (beginnend mit Gründung der Stadt Rom) und der christlichen Ära. Erschwerend kam hinzu, daß die biblizistische Ära verschiedene Rechnungen kannte (man wurde sich um den Schöpfungstermin nicht einig) und

der christlichen Ära bis ins 18. Jahrhundert hinein eine Zählung der Jahre vor Christi Geburt unbekannt war. Es mußte also den Jahreszahlen immer die jeweilige Ära - z.B.: anno Diocletiani, anno Domini Jesu Christi, ab urbe condita (seit Gründung der Stadt) - beigefügt werden.

Zeit, wenn du sie hast

"Zeit, wenn du sie hast, wird sie dir gegeben -
wenn du sie nicht hast, wird sie dir genommen."

So sagt mir der Mönch, so bedächtig,
als sei damit alles gesagt,
was man über Zeit sagen kann.
Ich kann ihm kein weiteres Wort entlocken -
als wolle er mich nun
mit diesem Satz allein lassen.

Vielleicht will er mir sagen:
Fülle deine Zeit,
und du wirst sehen,
wie sie wächst -
sie wird nicht "totgeschlagen"
vor dir liegen.

Vielleicht will er mir sagen:
Teile die Zeit mit anderen Menschen,
sie wird Blüten tragen,
und du wirst die Früchte ernten können -
in gefüllten Körben wirst du die Zeit tragen.

Vielleicht will er mir sagen:
Wenn du keine Zeit hast,

zu träumen mit den Träumenden,
zu fühlen mit den Fühlenden,
wird viel gestorben sein in dir -
mitten im Leben.

Vielleicht will er mir sagen:
Wenn du aber Zeit hast,
zu trauern mit den Trauernden,
zu hoffen mit den Hoffenden,
wirst du das Leben gewinnen -
mitten im Leben.

Vielleicht will er mir sagen:
Wenn du an Feiertagen nicht feierst,
an Tagen des Suchens nicht suchst,
an Tagen der Besinnung dich nicht besinnst,
wird man dir die Tage dafür nehmen -
bevor du es merkst.

Vielleicht will er mich gar nicht
allein lassen mit seiner Weisheit,
sondern will still bei mir sein,
wenn dieser Satz von ganz allein
immer wieder einmal in mir wirkt:

"Zeit, wenn du sie hast, wird sie dir gegeben -
wenn du sie nicht hast, wird sie dir genommen."

Dionysios Exiguus hat sich ...
bei der Festlegung der christlichen Ära verrechnet. Das wissen wir mittlerweile. Das von ihm festgelegte Geburtsdatum Jesu stimmt nicht. Nehmen wir den "Stern über Bethlehem", der die Geburt Jesu anzeigte, als Ausgangspunkt, so können wir folgern, daß Jesus im Jahre

7 vor Beginn unserer Zeitrechnung zur Welt kam. Der Stern über Bethlehem war mit ziemlicher Sicherheit - so sind sich die Wissenschaftler einig - nicht ein einziger Stern, sondern dieses Leuchten kam durch ein nahes Zusammenstehen der Planeten Jupiter und Saturn zustande. Dieses Himmelsschauspiel ereignete sich im Jahre 7 v. Chr.

Die Schaltjahre ...
welche schon Julius Cäsar einführte, fallen seit dieser neuen Jahreszählung immer auf Jahre, deren Jahreszahl sich ohne Rest durch vier teilen läßt. Dies hat Dionysios Exiguus nicht absichtlich so berechnet; es ist eher ein Zufallsprodukt der neuen Ära, aber es erleichtert die Vorausberechnung der Schaltjahre sehr.

Aber auch Hindernisse ...
hat die Berechnung des Dionysios Exiguus zur Folge. Man stolpert über sie bei der zeitlichen Festlegung alter geschichtlicher Daten. Wir mußten in der Schule lernen: Will man die Jahre zwischen einem Datum vor und einem nach Christi Geburt berechnen, so muß von der Summe, die sich aus den Jahren vor und nach Chr. ergibt, immer 1 abgezogen werden! Das liegt daran, daß Dionysios Exiguus das Jahr Null ausließ. Die Jahreszählung um die Geburt Jesu bildet folgende Reihe: ... 2 v. Chr. - 1 v. Chr. - 1 n. Chr. - 2 n. Chr. ... Zwischen dem Beginn des Jahres 2 v. Chr. und dem des Jahres 2 n. Chr. liegen nicht - wie wir es mathematisch annehmen müßten - 4, sondern nur 3 Jahre. Für Dionysios Exiguus war es eindeutig: Eine Ära beginnt mit dem Jahr 1 - so hatte man immer zu zählen begonnen. Er hatte nicht bedacht, daß bis zum ersten Geburtstag eines Menschen schon ein Jahr verronnen ist, welches nun in unserer Zeitrechnung fehlt.

Zählen wir ...
vorchristliche und nachchristliche Jahre zusammen, so ergibt sich ein Jahr zuviel. Wir müssen es abziehen, wenn wir z.B. aus unserer Sicht das Alter geschichtlicher Persönlichkeiten und Ereignisse bestimmen wollen. Viele kluge Köpfe haben im Laufe der Geschichte schon falsch gerechnet. Der letzte Schah von Persien ließ beispielsweise 1971 den 2500. Todestag des Reichsgründers Kyros feiern - irrtümlich ein Jahr zu früh, denn Kyros war im Jahre 529 v. Chr. gestorben. Der Schah hatte die Jahre einfach zusammengezählt, ohne das besagte Jahr abzuziehen. Der Diktator Mussolini feierte 1937 den 2000. Geburtstag des Kaisers Augustus. Der war im Jahre 63 v. Chr. geboren worden. Damit war dem scheinbar so klugen Mussolini der gleiche Rechenfehler wie dem Schah unterlaufen.

Nicht nur dafür ...
daß die Berechnung geschichtlicher Daten, die vor unserer Zeitrechnung liegen, diesen besonderen Haken hat, ist Dionysios Exiguus verantwortlich. Ein weiteres Problem tritt bei der Frage auf: Wann beginnt ein neues Jahrhundert und ein neues Jahrtausend? Es ist eindeutig: Unsere Zeitrechnung beginnt im Jahre 1; das zweite Jahrtausend fängt folglich mit dem Jahr 1001 an und das dritte Jahrtausend am 1. Januar 2001 - also eigentlich noch nicht in der Silvesternacht zum Jahre 2000, denn das Jahr 2000 macht das zweite Jahrtausend erst voll.

Banger Blick nach vorn

Wie viele Militärstiefel werden donnern?
Wie viele Heilrufe wird man grölen?
Wie viele Wände werden durch Zeichen des
Hasses verunstaltet?
Wie viele Jacken werden Embleme der Dumm-
heit tragen?
Wie viel Menschenverachtung wird herrschen?

Wie viele Menschen werden glauben,
daß das Böse stärker ist als alles Gute
zusammen?

Wie viele Machtgebärden wird man sehen?
Wie viele Fäuste wird man erheben?
Wie viele Rausrufe werden erschallen?
Wie viel Haß wird wachsen?
Wie viel Verachtung wird wird man spüren?

Das wird daran liegen,
wie viel Zeit wir uns nehmen
zu beweisen, daß Liebe unsagbar stärker ist
als alles Böse zusammen.

DIE SANDUHR

"Die Zeit fließt dahin" ...
sagt man oft, ohne dabei zu wissen, daß dieser Ausdruck durch die Wasseruhren geprägt wurde, mit denen man viele Jahrhunderte lang die Zeit bestimmte.

"Die Zeit rinnt dahin."
Auch diesen Ausspruch tun wir noch, obwohl auch er auf eine Form der Uhr zurückweist, die wir heute allgemein nicht mehr benutzen. Nur noch als "Eieruhr" und zu dekorativen Zwecken findet sie Gebrauch: die Sanduhr. Das ist ebenfalls eine Auslaufuhr; statt des Wassers läuft eine bestimmte Menge feinen Sandes durch eine kleine Öffnung von einem oberen in ein unteres Gefäß. Erst im späten Mittelalter wurde die Sanduhr erfunden. Ihr Vorteil "liegt auf der Hand"; sie ist transportabel, fließt nicht aus, und man muß nichts nachfüllen. Zudem ist sie preiswert, so daß sie zur "Uhr des kleinen Mannes" wurde.

"Stundenglas" ...
diesen eleganten Namen trägt die Sanduhr ebenfalls; da die alten Sanduhren genau eine Stunde liefen, bevor man sie drehen mußte. Den Namen "Stundenglas" behielt man bei - auch für kleinere Sanduhren, die geringere Zeitabstände messen. Die Sanduhr "überlebte" viele Jahrhunderte. Noch um die Wende zum 20. Jahrhundert war sie in Telefonämtern zum Messen der Dreiminutengespräche üblich. Im Berliner Telefonamt waren im Jahr 1900 noch 90 dieser Uhren im Gebrauch.

DIE JAHRESZEITEN

Die Zeit rinnt dahin ...
die Zeit fließt dahin - rast sie sogar dahin, die Zeit? Unsere größte natürliche Uhr, die wir ständig in Gebrauch haben, ist unser Sonnensystem. Es ist wie ein Zifferblatt, das sich aus der Sonne und den Planeten zusammensetzt. Betrachten wir diese Uhr, so können wir zu Recht sagen: Die Zeit rast gewaltig schnell dahin. Die Drehung um ihre Achse vollführt die Erde am Äquator mit einer Geschwindigkeit von 1670 Stundenkilometern. Mit 100.000 km in der Stunde rast sie zudem um die Sonne. Sie legt also mehr als 30 km in der Sekunde zurück. Fast eine Milliarde Kilometer bewältigt “Mutter Erde” so in einem Jahr. Sekunde für Sekunde, Jahr für Jahr, Jahrtausend um Jahrtausend hält sie ihren Kurs in unfaßbarer Geschwindigkeit durch. Und da fragen manche Menschen, ob es heutzutage noch Wunder gibt!

Eines der größten Wunder ...
sind die Jahreszeiten, die wir der unermüdlichen Bewegung der Erde verdanken. Wie Tag und Nacht, so prägen auch Frühling, Sommer, Herbst und Winter unseren Lebensrhythmus - äußerlich und gefühlsmäßig schwingen wir mit - das Jahr hindurch, ein Leben lang. “Und siehe, die Erde ist gut”, steht am Anfang der Bibel. Ein Beispiel dafür, wie gut sie “konstruiert” ist, ist die Tatsache, daß die Achse, um die sich die Erde dreht, gegenüber der Erdbahn geneigt ist, also schräg liegt. So werden beim jährlichen Lauf um die Sonne ihre Strah-

len gleichmäßig über die Welt verteilt. Mal zeigt die Südhälfte der Erde zur Sonne hin, und im Norden ist es Winter. Dann wieder wird die Nordhälfte in die Sonne "gehalten", und für die Bewohner der Südhalbkugel steht die Sonne tief und wirft lange, winterliche Schatten. Dazwischen entstehen als Übergang die milden Jahreszeiten Frühling und Herbst.

DIE GREGORIANISCHE KALENDERREFORM

Eine Genauigkeit ...
hat der Julianische Kalender in die Zeitrechnung gebracht, die man bis dahin nicht kannte. Besonders die "Erfindung" des Schaltjahres bewirkt dies. Die 365 Tage des Jahres werden jedes vierte Jahr um einen Tag verlängert. Damit werden die sechs Stunden ausgeglichen, die jährlich Überhang sind; denn das wahre Sonnenjahr hat ja eine Länge von 365 Tagen und 6 Stunden. Dennoch stimmte dieser Kalender nicht mit der natürlichen Jahreszeit überein. Das fiel nicht sofort auf; der Fehler war so klein, daß er sich erst im Laufe der Jahrhunderte - eigentlich erst nach mehr als tausend Jahren - bemerkbar machte. Da allerdings war er unübersehbar und störend geworden.

Der zentrale Schwachpunkt ...
des Julianischen Kalenders offenbarte sich am Termin des Osterfestes. Im dritten und vierten Jahrhundert herrschte im Christentum ein Streit um den richtigen Ostertermin. Dahinter stand die Frage, welche Bedeutung das Osterfest überhaupt haben sollte. "Soll man Ostern die Kreuzigung oder die Auferstehung Jesu feiern?" fragten sich die Menschen. "Soll es also an einem Wochentag oder an einem Sonntag gefeiert werden - und an welchem Termin?" Wir können uns heute nicht mehr vorstellen, daß es derart unterschiedliche Vorstellungen gab. Im Jahre 325 n. Chr. (wir haben weiter

oben gesehen, daß man damals die Zeit noch gar nicht an Christi Geburt orientierte; es war also genau genommen im Jahre 31 der Märtyrer-Ära) sah sich das Konzil von Nizäa aber gezwungen, den Streit durch diese Bestimmung zu beenden: "Ostern ist das Fest der Auferstehung, und es soll immer am ersten Sonntag nach dem ersten Frühlingsvollmond gefeiert werden." Nun hatte man eine Grundlage, die Ostertermine vorauszuberechnen. Da der Frühlingsvollmond eine Schwankungsmöglichkeit von fünf Wochen hat, gilt dies auch für das Osterfest: Der früheste Termin ist der 22. März, der späteste der 25. April. Doch auf Dauer stimmten die Berechnungen nicht mehr; im vierzehnten Jahrhundert erschien der Frühlungsvollmond schon am 12. März. Der Mond war nicht schuld, auf den kann man sich verlassen - der Fehler lag beim Julianischen Kalender. Immer wieder gab es im Lauf der Weltgeschichte die Befürchtung, es könne Unregelmäßigkeiten geben in den großen oder kleinen Teilen des Kosmos. Doch es waren immer nur die menschlichen Ängste und Phantasien, die dazu führten, daß derartiges Chaos vorhergesagt oder gar "beobachtet" wurde.

Denn siehe, es ist gut

Deine Güte
spiegelt sich
im Universum,
in der Gleichmäßigkeit des Sternensystems,
in Sommer, Winter, Tag und Nacht,
im beständigen Wachsen und Vergehen;

spiegelt sich
im Großen und im Kleinen,

im All und im Atom,
im Himmel und in den Wurzeln der Erde.
Kein Teil im Himmel und auf der Erde
bricht aus dem Widerschein deiner Güte aus,
der Mond nicht und nicht die Sterne.
Kein Teil des Seins bricht aus,
nicht das größte und nicht das kleinste;
nur der Mensch bricht aus - zerbricht,
bricht den Bund mit dir.

Laß du mich wieder einschwingen,
wie der beharrliche Lauf des Schattens,
wie das gleichmäßige Fließen des Wassers,
wie das verläßliche Rinnen des Sandes,
wie die taktvolle Bewegung des Pendels.

Hol du uns zurück,
laß Hoffnung und Vertrauen wachsen,
laß uns Spiegelbilder
deiner Güte sein.

Wo lag der Fehler ...
des Julianischen Kalenders? Die römischen Astronomen hatten die Jahreslänge auf 365 Tage und 6 Stunden berechnet; das wahre Sonnenjahr ist aber um 11 Minuten und 13 Sekunden kürzer. (Das wahre Sonnenjahr ist die Zeitdauer, welche die Erde benötigt, um nach einem Sonnenumlauf wieder denselben Punkt zu erreichen.) Dieser relativ winzige Fehler summierte sich in 100 Jahren auf 18 Stunden und 4 Minuten. Nach 1000 war der Julianische Kalender bereits um 7 Tage, 18 Stunden, 47 Minuten zu spät. Im vierzehnten Jahrhundert hatten sich ganze zehn Tage angesammelt. Jetzt war es unübersehbar: Der Kalender "ging" falsch.

Im Jahre 1414 ...
wurde unter Papst Johann XIII. auf dem Konzil zu Konstanz eine Kalenderreform beschlossen. Doch noch fehlten die überzeugenden Ideen, wie das Problem zu lösen sei.

Es vergingen ...
ganze 168 Jahre. Die Menschen, die meinten, daß am Himmel etwas nicht stimmen könne, da sie doch ihrem Kalender vertrauten, mußten ihr Unbehagen also lange ertragen. Mit Hilfe des Astronomen Luigi Lilio beseitigte Papst Gregor XIII. die alten Fehler. Um ganz sicher zu sein, wurde das Werk noch einer Kommission der bedeutendsten Astronomen und den Fürsten und Universitäten zur Überarbeitung vorgelegt. Am 24. Februar 1582 verkündete eine "päpstliche Bulle" die Gültigkeit des neuen Kalenders. (Eine Bulle ist ein rundes Metallsiegel. Eine "päpstliche Bulle" ist ein mit einem solchen Siegel ausgestattetes Dokument, das einen bedeutenden Rechtsakt gültig werden läßt.)

Zuallererst ...
ließ der Papst einmalig die 10 Tage ausfallen, die sich durch die kleine Ungenauigkeit im Julianischen Kalender angesammelt hatten. Dem 4. Oktober 1582 (ein Donnerstag) folgte unmittelbar Freitag, der 15. Oktober. Die Zeit vom 5. bis 14. Oktober 1582 gibt es in der Weltgeschichte also nicht. Das Kalenderdatum stimmte nun wieder mit der Natur überein.

Wie sollte man aber in Zukunft ...
mit der Tatsache umgehen, daß das Sonnenjahr genau 11 Minuten und 13 Sekunden kürzer ist, als im Julianischen Kalender vorgesehen. Um die Lösung zu verstehen, die von den gregorianischen Astronomen gefun-

den wurde, müssen wir uns noch einmal vergegenwärtigen: Julius Cäsar machte jedes vierte Jahr um einen Tag länger (Schaltjahr). Damit brachte er im Durchschnitt die jährlichen 6 Stunden unter, die in Wirklichkeit das Sonnenjahr länger als 365 Tage ist. Damit hat er aber - wie wir schon wissen - zu viel geschaltet; denn nicht genau 6 Stunden, sondern nur 5 Stunden, 48 Minuten und 47,4 Sekunden hätte er bedenken müssen. Diese kleine Ungenauigkeit macht in 138 Jahren einen ganzen Tag aus. Papst Gregors Folgerung: Wenn man in Zukunft alle 100 Jahre einmal ein Schaltjahr zum Normaljahr macht, hat man nach 300 Jahren so viel eingespart, daß das vierte "Hunderterjahr" seinen Schalttag behalten darf. Durchschnittlich wird damit alle 138 Jahre ein Tag eingespart. Die Jahre 1700, 1800, 1900 sind also Gemeinjahre - das Jahr 2000 hat einen Schalttag. Wir können das folgendermaßen verallgemeinern: Nach dem Gregorianischen Kalender hat jede Jahrhundertwende nur dann einen Schalttag, wenn sich das entsprechende 00-Jahr restlos durch die Zahl 400 (also nicht nur durch 4) teilen läßt. Wir selbst erleben das nur im Jahre 2000; danach wird sich dies erst im Jahr 2400 wiederholen.

Die Gregorianischen Kalenderveränderungen ...
sind, wie wir sehen, so minimal, daß man eigentlich nicht von einem neuen Kalender sprechen kann. Es ist weiterhin der Julianische Kalender - mit Gregorianischen Reformen. Diese begrenzen die Abweichung des Kalenders vom Sonnenjahr auf ein Minimum. Das Kalenderjahr ist jetzt immer noch 25 Sekunden zu lang. Sie summieren sich aber erst im Jahre 5456 zu einem ganzen Sonnentag. Wir haben also noch einige Jahrtausende Zeit, um dann einmalig einen Tag ausfallen zu lassen.

Zeit anhalten

"Sie fließt davon",
klagst du, "die Zeit."

Du gäbst so viel dafür,
sie einmal anzuhalten.

Doch unaufhaltsam
reißt sie dich mit,
rinnt sie mit dir,
rast du mit ihr.

Du gäbst so viel dafür,
sie einmal anzuhalten.

Und wenn du,
einen Augenblick nur,
deine Selbstverständlichkeiten
auf den Kopf stellst,
gegen den Strom schwimmst,
gegen den Zeitgeist denkst,
gegen den Haß liebst,

hältst du sie dann nicht an,
für dich,
die Zeit,
einen Augenblick nur?

Summieren sich
die Augenblicke
dann nicht
für dich
zur Ewigkeit,
mitten im Strom der Zeit?

So, daß du sagen kannst:
"Sie fließt mir nicht daher,
sie rinnt mir nicht dahin,
sie rast mir nicht davon,

ich geh mit ihr
und sie mit mir,

meine Zeit."

Widerstehen ...
konnte man diesem neuen, so überzeugend gestalteten Kalender eigentlich nicht. Dennoch traf die Reform auf energische Ablehnung; denn die Einführung des päpstlichen Kalenders fiel genau in die Zeit der Kämpfe um die Reformation. Die protestantischen Länder und Fürsten wehrten sich lautstark. Flugschriften und Bücher riefen zum Boykott auf. Man warf dem Papst z.B. vor, er wolle mit dem Weglassen der 10 Tage den Menschen wichtige Tage ihres kostbaren Lebens stehlen. Nur Italien, Spanien und Portugal übernahmen den Kalender sofort. Manche katholischen Gebiete Deutschlands folgten schon im Jahr darauf. Die protestantischen Nachbarn rechneten noch bis zum Jahre 1700 in alter Weise weiter, da mehrere protestantische, deutsche Reichstage die Reform ablehnten.

War das ein Durcheinander!
Damals kämpfte man mit harten Worten, so wurde der päpstliche Astronom Clavius von den Gegnern als Bestie, Esel und Dickbauch beschimpft. Deutschlands anerkanntester Astronom jener Zeit, Johannes Kepler, setzte sich aber energisch für den neuen Kalender ein, obwohl er überzeugter Protestant war.

Würde man Menschen jener Zeit fragen, was das Aufregendste in ihrem Leben war - die Kalenderreform würde sicherlich genannt.
Die Schweden, Dänen und Engländer übernahmen den neuen Kalender in den fünfziger Jahren des 18. Jahrhunderts. 1912 löste er in China und 1927 in der Türkei die alten traditionellen Kalender ab. Auch in Griechenland übernahm man ihn schließlich im Jahr 1923 (mit leichten Unterschieden - daher stimmt das Osterdatum mit unserem nicht überein). Dort mußten gleich 12 Tage ausfallen, damit der Kalender mit dem natürlichen Jahr wieder übereinstimmte: Der 1. Oktober 1923 wurde zum 14. Oktober.

Frage an die Zukunft

Was bringt das neue Jahr?
Was bringt das neue Jahrhundert?
Was bringt das neue Jahrtausend?

Leider muß ich dir sagen:

Viel Not wird herrschen -
das schaffen die Gleichgültigen.

Viel Hunger wird sein -
das schaffen die Überreichen.

Viel Haß wird bohren -
das schaffen die Nachtragenden.

Viel Krieg wird wüten -
das schaffen die Unbelehrbaren.

Viele Massaker werden sein -
das schaffen die Fanatiker.

Doch warte -

laß dich nicht so schnell
von meiner Antwort enttäuschen.

Ich möchte nun dich fragen:

Was bringt das neue Jahr,
das neue Jahrhundert,
das neue Jahrtausend?
Was wirst du schaffen?

FEDER ODER ZUGBALKEN

Die Weiterentwicklung der Zeitmessung ...
kam erst zu Beginn der Neuzeit wieder in Bewegung. Die Uhren des Altertums und Mittelalters, ob Sonnen-, Wasser- oder Sanduhren, waren unhandlich und ungenau. Irgendwer wird beim Beobachten von Mühlrädern erkannt haben, wie gut ineinandergreifende Räder verschiedener Größe geeignet sind, Zeiger unterschiedlich zu bewegen. Nun entstanden riesige Räderuhren, die von Kirchtürmen aus weithin sichtbar die Zeit anzeigten. Schwere Gewichte an einem Seilzug hielten die Räder in Bewegung; horizontal schwingende Balken gaben den Takt an, indem sie regelmäßig die Bewegung der Räder hemmten und wieder freigaben. Unbekannt ist auch, wer die Idee hatte, Federn die kraftspendende Funktion der Gewichte übernehmen zu lassen. Dieser "namenlose" Erfinder schuf die Federzuguhr und ebnete so den Weg für die Entwicklung kleiner, mechanischer, transportabler Uhren, wie wir sie heute kennen.

Eine aufziehbare Spiralfeder ...
sorgt bei der Federuhr für den Antrieb mehrerer kleiner Zahnräder, die so ineinanderfassen, daß Stunden- und Minutenzeiger im richtigen Verhältnis angetrieben werden. Da ist ein Anker mit Haken, der die Feder bremst, und eine Unruh, die mit Schwungrad und Spiralfeder den richtigen Rhythmus angibt. Weitere kleine Einzelteile ließen sich aufzählen; doch das Innenleben einer solchen Uhr ist zu vielfältig, als daß wir es hier ausführlich beschreiben könnten.

Die großen mechanischen Uhren ...
des späten Mittelalters waren nicht für den "Hausgebrauch" konstruiert. Man mußte die Kirchtürme erklimmen, um ihr Laufwerk zu bestaunen. Viele Menschen, die von der Faszination dieser Technik ergriffen waren, träumten davon, ein solches Wunderwerk zu besitzen. Plötzlich, mit der Erfindung des Federzuges, war es möglich geworden, sich diesen Wunsch zu erfüllen - theoretisch zumindest, denn billig waren diese Uhren nicht. Die Menschen der Computergeneration können sicherlich gut nachvollziehen, welch ein Entwicklungssprung mit der Entwicklung der "Persönlichen Uhr" vor sich gegangen war und welche Faszination davon ausging. Die Entwicklung der Kleinuhren ist vergleichbar mit der Entwicklung des kleinen "Persönlichen Computers" (PC) in den letzten Jahrzehnten. Man hatte davon gehört, daß schier unerschwingliche Großrechner in Instituten und Firmen unglaubliche Leistungen vollbringen; wenige Jahre später stand ein solches Gerät - kleiner, aber mit noch größerer Leistung - auf dem eigenen Schreibtisch. Mit der persönlichen Uhr begann eine neue Zeit, die Neuzeit - vielleicht hat mit dem persönlichen Computer eine neue Zukunft begonnen; spätere Generationen werden darüber im Rückblick besser urteilen können.

NÜRNBERGER EIER

Die Uhrenindustrie ...
blühte auf. Ihre Hochburg war, wie schon für die Herstellung der Sanduhr, Nürnberg. Der bedeutendste Uhrenbauer seiner Zeit, Peter Henlein, lebte hier. Er baute ab 1510 kleine Tisch-, Taschen- und Sackuhren. Ein Zeitgenosse Henleins schrieb im Jahre 1511 begeistert:

"Es werden täglich schwierigere Dinge erfunden. So hat Peter Henlein, ein junger Mann, Werke gemacht, welche selbst bei den größten Mathematikern Bewunderung erregen; denn aus wenig Eisen baut er Uhren mit sehr viel Rädern, welche, wie immer gelegt, ohne jedes Gewicht 40 Stunden zeigen und schlagen, auch wenn sie auf der Brust oder in der Börse getragen werden."

Eine Uhr zu stellen ...
bedeutete bis dahin, die Sonnenuhr so auszurichten, daß der Schatten im richtigen Winkel fällt, bzw. die abgelaufene Sanduhr umzudrehen oder gerade hinzustellen, damit der Sand ungehindert rinnt. Henleins Uhren brauchte man so nicht mehr zu stellen; denn sie gingen in jeder Lage. Um dies zu erreichen, hatte Henlein die Federn seiner Uhren mit noch größerer Präzision gebaut und die Gangregelung entschieden verbessert.

Stolz

Wie stolz
sind deine Eltern auf dich gewesen.

Du konntest schon als Kind die Uhr lesen,
hast gelernt, den Tag zu teilen,
die Sekunden zu bestimmen,
die Uhr zu stellen,
im Takt zu eilen.

Wie stolz
bist du auf dich gewesen.

Du hast geforscht und weißt,
welche Kraft die Uhr treibt,
wie jedes kleinste Teilchen heißt.
Du hast die Technik schon immer geliebt.

Kein Geheimnis für dich:
die Uhr an der Wand,
die Uhr auf dem Turm,
die Uhr in der Hand.

Wie stolz
sind alle auf dich gewesen.

Doch hättest du gelernt,
so den Menschen zu lesen,
seine Gefühle zu verstehn,
Freud und Leid ihm anzusehn;

hättest du gelernt,
welche Kraft ihn trägt,
welcher Traum ihn treibt,
was ihn zerschlägt;

hättest du gelernt,
mit ihm die Zeit zu teilen,
mit ihm Hoffnung zu suchen,

bei ihm zu verweilen,
ihn zu lieben,
zu verstehn,
ihn im Mittelpunkt zu sehen;

hättest du gelernt,
ihn so zu lesen:

Wie stolz
wäre dein Gott auf dich gewesen.

In Eiform ...
konstruierte man die Henleinuhren erst nach seinem Tod. Seine Uhren waren noch klobig und hatten noch nicht die ausgeklügelte Unruh. Dieses taktgebende Schwungrädchen, direkt verbunden mit der Spiralfeder, wurde erst vom bekannten niederländischen Physiker, Mathematiker und Astronomen Christian Huygens im Jahre 1658 entwickelt. Erst die Unruh ermöglichte die Konstruktion und den Siegeszug der Nürnberger Eier; auch wenn viele Bücher irrtümlich berichten, Henlein habe sie selbst schon "gelegt". Da konnten manche Autoren den Wortspielen nicht widerstehen. Aber der Name des bekannten Henlein hat sicherlich dazu beigetragen, daß findige Geschäftsleute später das Uhrwerk in eine metallene Eiform packten. Diese Nürnberger Eier gingen um die Welt.

Die Taschenuhren ...
des Peter Henlein und seiner unmittelbaren Nachfolger im 16. Jahrhundert hatten lediglich einen Stundenzeiger. Ab der zweiten Hälfte des folgenden Jahrhunderts kam ein Minutenzeiger hinzu; und erst im 19. Jahrhundert der Sekundenzeiger.

UND IMMER SCHWINGT DIE ZEIT

Was gibt den Rhythmus an?

Diese Frage wird für Uhren aller Zeiten bedeutsam bleiben. In jeder Uhr muß etwas für die gleichmäßig sich wiederholende Bewegung sorgen; denn es bleibt immer richtig: Zeit ist die Dauer zwischen zwei sich wiederholenden Ereignissen. Bei der Federuhr übernimmt die Unruh diese Aufgabe. Spiralfeder und Schwungrad sorgen im Zusammenspiel für die Schwingung. Eine volle Schwingung (hin und her) dauert zweimal eine fünftel Sekunde. In diesem Takt tickte die Taschenuhr und lange Zeit die Armbanduhr. Die modernen Chronographen an unseren Handgelenken schaffen mit besonderer zusätzlicher Technik bis zu zehn Schläge pro Sekunde, was die Ganggenauigkeit sehr erhöht. Bei großen Uhren sind es die Schwingungen des Schwingbalkens oder eines Pendels, die den richtigen Takt angeben.

Das Pendel ...

war lange Zeit wichtigster Rhythmusgeber in großen Uhren. Diese Entwicklung verdanken wir dem bedeutendsten Wissenschaftler des sechzehnten und siebzehnten Jahrhunderts: Galileio Galilei. Als Professor der Mathematik in Pisa beobachtete er im Jahr 1583 das Schwingen der Kronleuchter im dortigen Dom. Hier fiel ihm auf, daß die Leuchter mit kurzen Aufhängungen schneller schwangen - alle Leuchter mit gleich langer

Aufhängung schwangen im selben Rhythmus. Ihre Größe oder das Gewicht spielte dabei keine Rolle. In kontrollierten Experimenten entwickelte er daraufhin das Pendelgesetz. Diese Erkenntnis einfach zusammengefaßt lautet: Die Länge einer Aufhängung bestimmt die Schwingdauer des daran hängenden Gewichts. Längere Pendel schwingen langsamer, kürzere entsprechend schneller. Verlängert man ein Pendel um das Vierfache, so schwingt es nur noch halb so schnell.

Christian Huygens ...
den wir schon als Konstrukteur der Unruh kennengelernt haben, baute erst nach Galileis Tod ein brauchbares Uhrpendel. Diesem ließ er im Augenblick der Pendelumkehr durch eine Feder neue Energie zukommen. Somit konnte das Pendel dauerhaft ausschlagen. Huygens und nachfolgende Konstrukteure mußten immer wieder weitere Verbesserungen vornehmen; denn die frühen Pendeluhren waren sehr anfällig und gingen oft falsch. Das hatte seinen Grund vor allem darin, daß schon eine geringfügige Verlängerung oder Verkürzung des Pendels die Uhr bemerkenswert langsamer bzw. schneller laufen ließ. So zeigten die Uhren nach längerem Laufen eher die Temperatur als die Zeit an, weil die durch Wärme sich ausdehnenden Metallpendel die Schwingung verlangsamten und die Uhr nachgehen ließen. Da Holz weitaus geringer auf Temperaturschwankungen reagiert, kam man schnell darauf, die Pendel aus diesem Material zu fertigen. Damit war die Entwicklung längst nicht abgeschlossen. Bis ins 20. Jahrhundert hinein experimentierte man mit unterschiedlichen Pendeln, verfeinerte das Laufwerk und die Kraftzufuhr. Sehen Sie sich die verschiedenen Pendeluhren im Museum oder beim Antiquitätenhändler an - Sie werden eine technische Vielfalt entdecken.

DAS MENSCHLICHE ZEITGEFÜHL

Ein Zeitorgan ...
konnte im Menschen bisher nicht gefunden werden. Selbst wenn der Puls immer im gleichen Takt schlagen würde - kein Organ im Körper zählt die Schläge automatisch und könnte die verflossene Lebenszeit angeben. Vielfach wird das bedauert, und schon oft wurde der Verdacht geäußert, daß es ein zuverlässiges "Zeitorgan" sicherlich gibt, wir es nur noch nicht entdeckt haben.

Gefühlsmäßig ...
kann der Mensch verronnene Zeit nur in sehr eingeschränktem Maße bestimmen. Manchmal können wir ohne Blick auf die Uhr oder die Sonne genau sagen, wie spät es ist. Eine gewisse innere Uhr ist da. Aber ihr Lauf hängt vielfältig von Gefühlen und äußeren Bedingungen ab. So kommt es uns manchmal vor, als verginge die Zeit nicht - ein andermal verrinnt uns der gleiche Zeitabschnitt viel zu schnell.

Zeitorgan

Schade, sagte der Wissenschaftler,
daß der Mensch
ein so ungenaues Gefühl für Zeit hat.
Danke, denke ich,
daß andere Gefühle
in mir viel zuverlässiger sind.

Schade, sagte der Wissenschaftler,
daß der Mensch
kein Zeitorgan hat.
Danke, denke ich,
daß andere Organe
mein Leben regeln.

Schade, sagte der Wissenschaftler,
daß das Herz
mal schneller und mal langsamer schlägt.
Danke, denke ich,
daß ich manchmal
Herzklopfen habe.

Schade, sagte der Wissenschaftler,
daß der Puls
den Takt so oft wechselt.
Danke, denke ich,
daß kein Quarzstab
meine Schwingungen regelt.

Schade, sagte der Wissenschaftler,
daß das Gehirn
den Puls nicht automatisch zählt.
Danke, denke ich,
daß ich meinen Kopf
für Wichtigeres freihaben darf.

Schade, sagte der Wissenschaftler,
daß kein Zeiger
verstrichene Lebenszeit angibt.
Danke, denke ich,
daß das geschenkte Leben
in anderen Händen liegt.

Danke,
daß der Mensch
nicht digital denkt,
daß er so
unberechenbar ist,
daß nicht alles
vorhersagbar ist.

Danke,
daß Glaube, Hoffnung, Liebe
alle Berechnungen zunichte machen -
gegen den unermüdlichen Versuch
mancher Wissenschaftler,
das Gegenteil zu beweisen.

Zum Glück ...
tragen wir Menschen kein natürliches Zeitmessgerät in uns. Zeit an sich ist sinnleer, gibt nur Abstände an. Wir Menschen haben die Fähigkeit, diese an sich leeren Abschnitte mit Sinn zu füllen. Ist Zeit mit Inhalt gefüllt und berührt sie unsere Seele, so können wir sie empfinden - was eine Uhr oder ein Kalender nicht vermag. Wir spüren die großen Abschnitte, wie Frühling, Sommer, Herbst und Winter, die Jugendzeit und das Alter. Zeiten der Begegnung, der Hoffnung, der Enttäuschung, der Trauer erleben wir gefühlsmäßig, mit allen Sinnen. Auch der Mensch hat Schwingungen, und dahinter steht eine Kraft, die diese in Bewegung hält - wie bei der Uhr. Physikalisch gesehen, ist dieser Rhythmus zu grob und zu unregelmäßig, als daß man damit die Zeit angeben könnte. Wie eine Zeit gefüllt ist, welchen Wert sie hat, welche Bedeutung ein Tag, eine Jahreszeit, ein Jahr hat, das kann jedoch nur der Mensch ermessen. Dafür ist er mit der Seele ausgestattet.

Verwundete Zeit

Mit dem Abschied des geliebten Menschen
erstarb für dich die Zeit.
Unsere Blicke treffen sich, doch es ist,
als ob wir in verschiedenen Zeiten leben.
Meine Zeit ist nicht deine Zeit.
Für dich ist sie stehengeblieben.

Wie in einem leeren Raum bewegst du dich.
Die Farben der Jahreszeit,
die ich dankbar aufsauge,
erreichen dich nicht.
Die Sonnenstrahlen, die mein Gesicht erhellen,
leuchten nicht in dein Dunkel.
Die Klänge der Welt, die mich so beschwingen,
dringen nicht an dein Ohr.
Welche Schwere liegt auf deinen Gedanken.
Du möchtest gerne meine Zeit mit mir teilen.
Ich würde viel dafür geben,
den Weg in deiner Zeit mit dir zu gehen.

Zeit heilt alle Wunden, denke ich.
Ich versuche, es dir zuzurufen,
um irgend etwas zu tun für dich.
Ich weiß, daß solche Worte
dich nicht erreichen können.
Und so gebe ich dir die Zeit,
von der ich hoffe,
daß sie heilend dich begleitet.
Ich kann sie nicht beschleunigen,
sie geht mit dir Hand in Hand,
nimmt den Rhythmus deiner Seele an.

Ich weiß, daß du der Zeit nicht traust.
Ich sehe deine bangen Fragen:
Was ist, wenn sie doch nicht
alle Wunden heilt?
Wie groß werden dann
deine Schmerzen bleiben?
Gibt die Zeit ihren Heilungsversuch
irgenwann auf?
Wie wetterfühlig werden die Narben sein?

Ich weiß, daß deine Zeit und meine Zeit
wieder ineinanderfließen werden.
Dann erst werden wir uns wieder
sehen, verstehen, begegnen.
Dann wird die Zeit für uns die gleiche sein.
Wir werden uns unsere Narben zeigen
und uns näher sein als je zuvor.

DAS JAHR DES HEILS

Den Rhythmus eines Jahres ...
wie er sich in unseren Gefühlen ausdrückt, betrachten wir nun genauer. Grob ist dieser Rhythmus durch die Jahreszeiten gekennzeichnet. Nicht ohne Grund spricht man z.B. von den Frühlingsgefühlen oder von den besinnlichen Tagen im Spätherbst. Die feineren Schwingungen finden ihren Ausdruck in den Fest- und Feiertagen des Jahreskreises. Erst die Dynamik von Zeiten der Freude und Zeiten der Traurigkeit, von Tagen des bangen Fragens und der Hoffnungen bringt eine Bewegung in das Jahr. Zeit wird miterlebt. Tag, Monat, Jahr, Jahreszeit, Kindheit, Jugend, Alter sind nicht nur bloße zeitliche Abschnitte, sondern werden zu erlebter Zeit, lebendiger Zeit, Lebenszeit. Der Kalender füllt sich mit unseren persönlichen Anteilen, er bleibt nicht nur äußere Hilfe zum Organisieren des Lebens.

Die gemeinsame inhaltliche Orientierung ...
im Laufe des Jahres ist bei allen Völkern der Erde durch eine religiöse Dynamik gegeben. Dieser religiöse Kalender legt sich wie eine Schablone über den weltlichen Kalender und "beseelt" ihn. Mit seinen Festen und den entsprechenden Zeiten ihrer Vor- und Nachbereitung will der religiöse Jahresrhythmus die Menschen in ihren Hoffnungen, Ängsten, Träumen, in ihrer Fähigkeit zur Trauer, Besinnung, Freude und Mitmenschlichkeit ansprechen. Wenn die Religionen der Welt auch unterschiedlich sind, die Erlebensdynamik, die sie im Laufe eines Jahres aufnehmen und hervorheben,

ähnelt sich mehr, als wir annehmen. So gab es z.B. schon lange vor unserer Zeitrechnung und außerhalb des Christentums bedeutende religiöse Feste am 25. Dezember, am 1. und 6. Januar sowie zur Osterzeit.

Das christliche Jahr ...

Kirchenjahr genannt, hat zwei große Teile. Die erste Hälfte orientiert sich am Leben Jesu Christi. In seinen Lebensstationen spiegelt sich unser persönliches Leben. Indem wir sein Leben mitfeiern, verbinden wir es mit allen Höhen und Tiefen, mit aller Freude, den bangen Fragen und Hoffnungen unserer Lebenszeit. Wir suchen Antworten auf unsere Lebensfragen.

Die zweite Hälfte ist geprägt durch Fest- und Feiertage, welche die menschliche Gemeinschaft betonen. Kirchweihfeste, Erinnerungsfeste, Feste des Dankes, der Umkehr, des Abschieds haben hier ihren Platz. Seit der Mitte des 8. Jahrhunderts wird das Kirchenjahr so gefeiert. Man nannte es "Jahr des Heils" oder "Liturgisches Jahr"; 1589 taucht in den Schriften des Johannes Pomarius erstmals der Begriff "Kirchenjahr" auf. Er hat sich durchgesetzt; obwohl der Begriff "Jahr des Heils" besser ausdrückt, daß es um "Heil"-sein, also "Ganz"-sein und "Gesund"-sein des Menschen geht.

Etwas verschoben ...

ist die religiöse Schablone, die wir auf die äußerliche Einteilung des Jahres legen. Das "Jahr der Kirche" beginnt nicht am 1. Januar, sondern am 1. Advent.

Mit der Adventszeit ...

nimmt unser "Erlebensjahr" seinen Anfang. Advent ist nicht nur die Bezeichnung der Sonntage vor Weihnachten; es ist vielmehr die ganze Zeit vor Weihnachten damit gemeint. Sie beginnt stets an dem Sonntag, der dem 26. November folgt. Die Adventszeit hat seit dem frühen Mittelalter den Charakter einer Fasten- und Bußzeit (vergleichbar der Passions- / Fastenzeit vor dem Osterfest). Advent kommt vom lateinischen Wort Adventus = Ankunft; wir warten auf Jesu Ankunft. Optisch bestimmend ist der Gegensatz von Licht und Dunkelheit - inhaltlich das Thema "Warten", "Vorbereitung".

Mit Heiligabend ...
hat die Adventszeit ihr Ziel erreicht. In der römischen Kirche war es üblich geworden, Feste mit einer Vorfeier am Vortag einzuleiten. Dies geschah insbesondere durch einen Gottesdienst am Vorabend. Solche Vorfeiern nennt man "Vigil". Heiligabend ist die Vigil zu Weihnachten, dem Fest der Menschwerdung Gottes.

Zu Weihnachten ...
feiern wir, daß Gott Mensch wird, daß er unseren Lebensweg von Beginn an begleitet. An welchem Tag oder Monat im Jahr Jesus geboren wurde, wissen wir nicht. Es war schwierig genug, sein Geburtsjahr zu bestimmen, wie wir oben bei der Festlegung der christlichen Ära gesehen haben. Der Astronom Kepler vermutet aufgrund astronomischer Berechnungen, daß die Geburt Jesu am 2. April des Jahres 7 vor Christus stattfand. An einem 25.12. wurde die Geburt Jesu Christi erstmals im Jahre 354 in Rom gefeiert. Bis dahin war das Epiphaniasfest (am 6. Januar) das Geburtstagsfest Jesu. Erst Justinian (527-565) verordnete den 25.12. allgemeinverbindlich als "Christi Geburtstag". An diesem Tag feierten auch die Christen damals noch das heidnische "Weihenachtfest". Das war das uralte Fest der Wintersonnenwende - zu Ehren des "unbesiegbaren Sonnengottes". Nun, zu Christen geworden, konnten sie weiterhin ihr altes "Weihenachtfest" feiern, an das sie sich

so gewöhnt hatten. Das Fest bekam aber einen neuen Sinn: Christus ist nun das Licht, das an diesem Tag die Freude auslöst.

Die Silvesterfeier ...
am Abend des 31. Dezember setzte sich bei den Christen seit dem 17. Jahrhundert nur zögernd durch. In Abhebung zur weltlichen Silvesterfeier, nennt die Kirche diesen Tag: Altjahrsabend. Aber auch der Name Silvester hat gute kirchliche Tradition: Es ist der Name des kath. Tagesheiligen. Bischof Sylvester starb im Jahr 335. Der Brauch, das neue Jahr mit Böllerschüssen zu begrüßen, stammt noch aus heidnischer Zeit. Damit sollten die bösen Geister vertrieben werden. Ein junger, christlicher Brauch ist es, daß Kirchenglocken das neue Jahr einläuten.

Lebendig

Im neuen Jahr
werde ich
ganz verrückte Sachen machen.

Ich werde mich mindestens einmal
vor dem Morgengrauen auf den Weg machen,
in den Sonnenaufgang hineinwandern,
auf einer taufeuchten Wiese frühstücken,
während die Sonne ihre Bahn aufnimmt.
Vielleicht gelingt es mir sogar, zu träumen,
ich hätte Flügel und flöge in die Morgenröte.

Im neuen Jahr
werde ich
ganz verrückte Sachen machen.

Ich werde mich mindestens einmal
nackt auf den freien Boden legen,
im Garten oder am Strand,
nichts unter mir als die Erde.
Ich werde ihre Berührung spüren;
zu lange lebe ich schon getrennt von ihr.
Da werde ich liegen,
über mir der Himmel,
werde mich durchdringen lassen
von seiner Kraft;
wie lange hat er mich so nicht mehr erreicht.

Im neuen Jahr
werde ich
ganz verrückte Sachen machen.

Ich werde mindestens einen Tag lang
alle meine Uhren abstellen.
Die Zeit wird stillstehen für mich;
so viel Zeit werde ich noch nie gehabt haben,
so viel Ruhe noch nie empfunden haben;
die Welt wird nicht stillstehen,
nur ich in ihr,
und ich werde die Erfahrung kosten,
daß ich dennoch nichts verpasse.

Im neuen Jahr
werde ich
ganz verrückte Sachen machen.

Ich werde mindestens einen Tag lang
einem einsamen alten Menschen nahe sein,
ich werde zuhören,
wenn er mir seine Lebensgeschichte erzählt.

All seine Hoffnungen, seine Gefühle,
seine Enttäuschungen und seine Liebe
werde ich nacherleben -
und verstehen,
wie viel Erinnerung, Leben,
Sehnsucht, Liebe
ein Mensch sammeln kann.

Im neuen Jahr
werde ich
ganz verrückte Sachen machen.

Ich werde mindestens einmal in jeder Jahreszeit
die Kinder beobachten,
von ihnen lernen,
wie man staunen kann, hüpfen kann,
balancieren und rückwärtslaufen,
wie man lachen kann,
Schneebälle wirft, Kastanien sammelt
und aus einer Decke eine Bude baut;
ich werde Kind sein, ohne mich zu schämen.

Im neuen Jahr
werde ich
ganz verrückte Sachen machen.

Ich werde zur kältesten Winterzeit
mindestens eine Nacht lang
meine Heizung ausstellen;
daß der Frost Zeit hat,
an der Fensterscheibe zu spielen;
ich lasse ihn Eiskristalle malen
und werde staunend neu erfahren,
daß Sterne nicht nur am Himmel strahlen.

Im neuen Jahr
werde ich
ganz verrückte Sachen machen.

Ich werde mindestens einmal
im Zelt schlafen, den Kopf ins Freie betten,
in den Sternenhimmel blicken,
die Sterne zählen, die Sternbilder suchen,
auf Sternschnuppen warten,
mir wünschen, daß ich öfter mal
den Mut habe, verrückte Sachen zu machen.

Im neuen Jahr
werde ich
ganz verrückte Sachen machen.

Das wird ein Jahr, in dem ich lebe,
nicht nur einmal.

Neujahr ...
ist die Oktav von Weihnachten. Als Oktav bezeichnet man im Kirchenjahr die ersten acht Tage nach einem großen Fest. Auch der achte Tag selbst wird Oktav genannt. Die Oktav dient der Nachfeier. Alle großen Feste haben eine Zeit der Vorbereitung und eine Zeit der Nachfeier. Nach heidnisch-römischer Tradition feierte man an diesem Tag üppig das Ende der Winteraussaat. Man ehrte Saturn, den Gott der Saat. Es war üblich geworden, daß Herren ihre Sklaven am 1. Januar bedienten. Dieses Fest war wohl auch ein Grund, warum Cäsar (46 v. Chr.) den 1.1. als Beginn des bürgerlichen Jahres festlegte. Kirchlich hat dieser Tag keine Tradition. Doch Rückblick und Vorausschau, Dank und Hoffnung bestimmten zunehmend die Predigten und Lieder.

Epiphanias ...
das Dreikönigsfest am 6. Januar, war das Geburtsfest Christi, bevor Weihnachten als solches gefeiert wurde. Das zweite Hauptmotiv des Epiphaniasfestes war das "Gedächtnis der Taufe Jesu". Im Orient gilt es noch heute als Tauffest. Mit feierlichen Prozessionen zu Flüssen wird es begangen. Mit Epiphanias endet die Weihnachtszeit. In den Kirchen werden die Tannenbäume "gefällt", und der Weihnachtsschmuck wird beseitigt. Es beginnt die Epiphaniaszeit. Das griechische Wort "Epiphanias" heißt Erscheinung. Gefeiert wird, daß Gott in vielfältiger Weise - nicht nur als Kind in der Krippe - den Menschen erschien und noch erscheint.

Als Vorfastenzeit ...
liegen dann zwischen der Epiphaniaszeit und der Fastenzeit drei Sonntage. Je nach Ostertermin ist die Epiphaniaszeit kürzer oder länger; denn sie wird immer siebzig Tage vor Ostern abgebrochen.

Mit dem Aschermittwoch ...
beginnt eine Zeit, die bei evangelischen Christen eher Passionszeit (Leidenszeit) und bei den katholischen Christen Fastenzeit heißt. Beide Begriffe bezeichnen die siebenwöchige Besinnungszeit vor Ostern, in der wir daran denken, wie Jesus verfolgt und gequält wurde. Verfolgung, Qual, Leiden, Ungerechtigkeit sind Themen. Ähnlich wie die Adventszeit, ist die Passionszeit eine Zeit der Besinnung, des Neuanfangs, der Buße.

Karfreitag ...
ist der Höhepunkt der Passionszeit. Am Freitag, den 7. April im Jahre 30 unserer Zeitrechnung, wurde Jesus, der Zimmermann aus Nazareth, zusammen mit zwei Verbrechern gekreuzigt. An diesen Tod denken Chri-

sten seit jeher mit Fasten und Beten. Die Herkunft der Vorsilbe “Kar-” ist nicht eindeutig geklärt. Sehr wahrscheinlich kommt sie vom altdeutschen Wort “Karen”, was Wehklagen bedeutet.

Nie zu spät

Manchmal denke ich,
es kann keine lichte Zukunft geben,
wir haben sie in der Vergangenheit
zu sehr verdunkelt.

Wir haben stolze Völker ausgelöscht,
lebendige Wälder abgeholzt,
klare Seen vergiftet.

Manchmal denke ich,
es kann keine lichte Zukunft geben,
wir haben sie in der Vergangenheit
zu sehr verdunkelt.

Wir haben die Welt
mit Haß belegt,
mit Krieg übersät,
mit Blut beschmiert.

Manchmal denke ich,
es kann keine lichte Zukunft geben,
da zerreißt ein Schrei die Dunkelheit:
“Vater, vergib Ihnen,
denn sie wissen nicht,
was sie tun!”
Der Schrei,
der am 14. Nisan

des Jahres 3791 der jüdischen Weltära,
der am Freitag, den 7. April,
im Jahre 30 der christlichen Ära
den Himmel aufriß.

Und ich weiß,
erst wenn dieser Schrei seine Kraft verliert,
wenn sein schwächster Nachhall im All verklingt,
dann erst ist es wirklich zu spät.

Ostersonntag ...
ist der Tag der Auferstehung Jesu. Jeder Sonntag war seit Beginn der Christenheit ein Gedenktag der Auferstehung und des ewigen Lebens. Zu Anfang des zweiten Jahrhunderts ist aber schon in Rom das erste gesonderte Osterfest gefeiert worden. Das Fest war allerdings lange Zeit inhaltlich umstritten; auch auf einen gemeinsamen Termin konnte man sich nicht einigen. Im Jahre 325 beschloß die Synode von Nicäa, daß es ein "bewegliches Fest" sein soll und am Sonntag nach dem ersten Frühlingsvollmond gefeiert wird. Somit ist der 22. März der früheste und der 25. April der späteste Ostertermin. Im Begriff "Ostern" findet man noch heidnische Traditionen: Er leitet sich vom Namen der germanischen Erd- und Frühlingsgöttin "Ostara" ab. Zu Ostern werden die Gottesdienste in den Kirchen wieder mit überschwenglichem Jubel und freudigem Halleluja gefeiert - nach der ruhigen, besinnlichen Passionszeit. Nun beginnt eine siebenwöchige Freudenzeit.

Mit dem Pfingstfest ...
findet die österliche Freudenzeit ihren Abschluß. Fünfzig Tage nach Ostern feiern wir das Pfingstfest. Der Name "Pfingsten" kommt von einem griechischen

Wort, das den “50. Tag” bedeutet. Da die Apostel zu Pfingsten den Mut und die Kraft fanden, zu predigen und Gemeinden aufzubauen, nennt man diesen Tag auch “Geburtstag der Kirche”. Es ist das Fest der ewigen Kraft Gottes, des “Heiligen Geistes”.
Von diesem Tage an werden in der katholischen Kirche die Sonntage als “Sonntage nach Pfingsten” durchnumeriert. In der evangelischen Kirche dagegen zählt man sie fortlaufend ab dem folgenden Sonntag, dem Trinitatissonntag. Es sind die Sonntage nach Trinitatis. Davon gibt es ca. 25 - mal mehr, mal weniger; je nachdem, wie früh oder spät das Osterfest liegt.

Den Michaelistag ...
feiert man am 29. September. In manchen protestantischen Gebieten spielt er keine Rolle. Es ist ein Tag zu Ehren des Erzengels Michael, der als Bekämpfer des Bösen bekannt ist. Die Sonntage danach werden katholischerseits (und in manchen evangelischen Gegenden) als Sonntage nach Michaelis gezählt.

Das Erntedankfest ...
ist ein relativ junges Fest. Es taucht erst seit dem 17. Jahrhundert zunehmend auf. Es wird am ersten Sonntag im Oktober als Dankfest für die Schöpfung gefeiert. Ein vergleichbares Fest finden wir in allen Kulturen.

Mit besinnlichen Feiertagen ...
wie Allerheiligen, Allerseelen, Buß- und Bettag, Totenbzw. Ewigkeitssonntag, endet das Jahr. Während die Besinnung in der ersten Hälfte des Kirchenjahres eher das eigene Leben und Verhältnis zu Gott betrifft, richtet sie sich nun auf das Verhältnis zum Mitmenschen. Seine Ängste, Kämpfe und Sehnsüchte, sein Tod und die Hoffnung auf ein ewiges Leben stehen im Mittelpunkt.

Durch das Jahr

Daß du
durchs Auf und Ab des Jahres
nicht allein gehst,
wünsch ich dir.
Daß auch wir uns
dabei begegnen,
wünsch ich mir.

Daß wir
Vorfreude teilen
und uns innig umarmen,
nicht nur im Advent und zur Weihnachtszeit,
wünsch ich uns.
Daß wir zurückblicken - besinnlich,
Hoffnung schöpfen - erwartungsvoll,
nicht nur zum Jahreswechsel,
daß wir uns in den Rollen
verlieren dürfen,
von denen wir sehnsuchtsvoll träumen,
und daß wir uns die Masken abnehmen,
um uns so zu offenbaren,
wie wir uns noch niemals sahen,
wie nur Gott uns kennt,
wünsch ich uns,
nicht nur zur Karnevalszeit.

Daß wir
im Leid uns stützen,
Schweigen und Verzichten
uns reich macht
und wir das Leben
immer wieder feiern,
nicht nur zur Fasten- und Osterzeit;

daß wir uns den Mut geben,
das Richtige zu sagen,
für das Gerechte zu kämpfen,
und wir Gott in seiner Vielfalt erkennen,
nicht nur mitten im Kirchenjahr,
wünsch ich uns.

Daß wir
nicht nur im Herbst
einander mit Dank erfüllen,
Umkehr kosten,
Veränderung genießen
und Kraft empfangen
loszulassen,
wünsch ich uns.

Daß wir immer wieder
die Chance ergreifen,
den Weg neu zu gehen,
und er uns zur Erfüllung wird,
Jahr für Jahr mehr,
allein, gemeinsam
und mit anderen,
wünsch ich uns.

Und daß wir uns,
wenn wir einander
auf diesem Weg verlieren,
immer wieder gern begegnen,
eine Lebenszeit lang,
das wünsch ich dir und mir.

DIE STUNDE

Kein natürlicher Zeitabschnitt ...
wie Tag und Jahr ist die Stunde. Tag und Jahr entstehen durch die Drehung und den Lauf der Erde; wir werden durch Helligkeit und Dunkelheit sowie durch die Jahreszeiten in den Rhythmus von Tag und Jahr wie selbstverständlich hineingenommen. Die Stunde entsteht, indem wir diesen Rhythmus künstlich teilen. Eine Stundenaufteilung finden wir schon bei den Babyloniern; die Ägypter übernahmen sie; und von hier ging sie schließlich auf alle Völker der Welt über. Die zwölf Sternbilder und die zwölf Mondphasen werden die Astronomen des Altertums veranlaßt haben, den Tag und die Nacht in je 12 Abschnitte zu gliedern. Man teilte die Zeit der Helligkeit, vom Aufgang bis zum Untergang der Sonne, in 12 Teile und ebenso die Zeit der Dunkelheit. Auch die "längste Nacht" im Winter, in der nach unserer heutigen Stundeneinteilung die Sonne 16 Stunden lang verschwunden scheint, hatte damals nur zwölf - dafür lange - Stunden. Die Dauer der Stunden änderte sich also stets mit der Jahreszeit, und die Tagesstunden unterschieden sich in ihrer Länge von den Nachtstunden. Im Sommer waren die zwölf Stunden der Helligkeit länger als die der Nacht - im Winter war es umgekehrt. Im Winter stellte man die Uhr bei Sonnenuntergang auf sehr langsam, bei Sonnenaufgang wurde sie auf schnell gestellt. Das war nicht nur im Altertum so; bis in die Neuzeit hinein war die Stunde nicht der 24. Teil eines Tages, sondern der zwölfte Teil der Dunkelheit bzw. Helligkeit. Nur zur natürlichen

Tagundnachtgleiche waren alle 24 Stunden gleich lang. Denn statt Mathematik bestimmte Astronomie die Zeiteinteilung. Daher finden wir noch heute an vielen Stellen der Welt, auch in Deutschland, alte Sonnenuhren mit verschiedenen Zifferblättern - für die verschiedenen Jahreszeiten.
Das Aufkommen der mechanischen Uhr hatte eine Aufteilung des Tages in zweimal zwölf gleiche Stunden zur Folge. Erst in der Neuzeit, nach der Reformation, verbreitete sich diese "mechanische" Stundenaufteilung.

TAG UND WOCHE

Der Vierundzwanzigstundentag ...
weist einige bemerkenswerte Besonderheiten auf. Bei genauerer Betrachtung können wir zwischen drei verschiedenen Tagen unterscheiden: "Sterntag", "Wahrer Sonnentag" und "Mittlerer Sonnentag".

Der "Sterntag" ...
entsteht, weil auch die Sterne (wie die Sonne) scheinbar am Himmelszelt wandern. Sie "umkreisen" die Erde. Vom Augenblick, wenn ein Stern seinen höchsten Stand erreicht, bis zu dem Augenblick, an dem er wieder genau über dem Zenit eines Ortes steht, vergeht ein Sterntag. Damit müßte ein Sterntag eigentlich genauso lang sein wie ein Sonnentag. Doch der Sterntag ist vier Minuten kürzer als der durchschnittliche Sonnentag. Der Grund liegt darin, daß die Erde sich nicht nur um ihre Achse dreht, sondern dabei auch langsam die Bahn um die Sonne zieht. Während sie sich also einmal um sich selbst dreht, ist sie schon ein kleines Stück auf der Sonnenumlaufbahn weitergewandert. Dieses Stück muß sie sich noch weiterdrehen, damit die Sonne wieder genau über demselben Ort steht. Dazu braucht sie im Durchschnitt vier Minuten. Zwar ist sie auch in bezug auf die Sterne weitergewandert; da diese aber in so unendlicher Ferne liegen, spielt das kleine Stück keine Rolle. Ein Sterntag ist also genauer als ein Sonnentag. Er mißt konstant 23 Stunden, 56 Minuten und 3,5 Sekunden. In der Astronomie wird wegen dieser Genauigkeit mit Sterntagen gerechnet. Für das alltägliche Leben al-

lerdings drängt es sich auf, nach der Sonne den Lauf der Tage zu zählen. Sie ist eben augenscheinlicher.

Die "Wahren Sonnentage" ...
unterscheiden sich in ihrer Länge! Mit dieser Behauptung meinen wir nicht die Tatsache, daß - entsprechend den Jahreszeiten - vom Aufgang der Sonne bis zu ihrem Untergang unterschiedlich viel Zeit vergeht. Nein, der "Vierundzwanzigstundentag" ist im Lauf des Jahres auch verschieden lang. Von dem Moment, an dem die Sonne ihren höchsten Stand erreicht hat, bis zu dem Moment, an dem sie wieder genau über dem Meridian eines Ortes steht, vergeht ein Sonnentag. Das sind selten genau 24 Stunden. Es sind meistens etliche Minuten mehr oder weniger; ganze sechzehn Minuten mehr oder weniger kann diese Zeitspanne ausmachen. Weil die Erde sich nicht im Kreis, sondern in der Form einer Ellipse um die Sonne bewegt, entstehen diese Unterschiede. Die Entfernung zur Sonne ist manchmal weiter, manchmal näher. In Sonnennähe schafft die Erde die Umdrehung schneller als in der Sonnenferne.

Daß der Tag nur selten exakt 24 Stunden währt ...
war bis zur Mitte des 18. Jahrhunderts niemandem ein Problem. Der "Wahre Sonnentag" war für das Leben maßgebend. Mittag war an einem Ort, wenn die Sonne ihren Höchststand erreicht hatte - in dem Augenblick also, wenn sie den Meridian des Ortes überschritt. Die Sonnenuhren markierten diesen Augenblick.

Die zunehmende Genauigkeit der Uhren ...
führte dazu, daß man sich mit dem "Wahren Sonnentag" nicht mehr zufriedengab. Denn wenn dieser mal kürzer oder mal länger ist, konnten die Uhren nicht genau gehen, so präzise man ihr Laufwerk auch konstru-

ierte. Daher legte man den “Mittleren Sonnentag” fest. Es ist der Durchschnitt zwischen allen unterschiedlich langen Tagen des Jahres. Der “Mittlere Sonnentag” ist unser Vierundzwanzigstundentag. Er wurde 1780 in Genf, 1792 in London, 1810 in Berlin, 1816 in Paris eingeführt und gilt schon längst auf der ganzen Welt Wenn wir erwarten, daß die Sonne pünktlich um 12 Uhr am höchsten steht, so kann das seither nicht mehr stimmen; denn der “Mittlere Mittag” unterscheidet sich entsprechend vom “Wahren Mittag” - bis zu 16 Minuten kann der Unterschied betragen. Es ist also ein Durchschnittswert, den unsere Uhren um zwölf Uhr Mittags anzeigen. Sie richten sich nach einer “Durchschnittssonne”, der sogenannten “Mittleren Sonne”.

Zeit in der Hand

“Wohin ich auch reiste”,
sagte die alte Frau,
“überall begegnete ich ihnen,
den Menschen, die wie ich verzweifelt
versuchten, mit der Zeit umzugehen.

Und so habe ich - manchmal allein,
manchmal zu zweit, zu dritt oder mit vielen -

die Zeit gesucht, gewonnen und verloren,
die Zeit gegeben, genommen und vertrieben,

Zeit gehabt zum Hassen und zum Lieben,

die Zeit verschenkt, vergeudet und gestohlen,
geopfert, geschunden und totgeschlagen,
Zeit gehabt zum Singen und zum Klagen.

Überall begegnete ich ihnen,
den Menschen, die wie ich verzweifelt
versuchten, mit der Zeit umzugehen.

Nun möchte ich
dem Menschen begegnen,
der sie mit mir ganz einfach nur
in Gottes Hand zurücklegt."

Ständige Veränderungen ...
kennzeichnen die Geschichte der Kalendersysteme und der Zeitberechnung durch die Jahrtausende hindurch: Die Jahre hatten in den verschiedenen Kalendern eine unterschiedliche Anzahl von Monaten; die Monate wechselten ihre Länge; die Stunden erhielten erst zu Beginn der Neuzeit einheitlich 60 Minuten. Begleitet war diese Entwicklung immer wieder von Zeiten, in denen das reine Chaos herrschte: Die Jahre wurden verlängert oder verkürzt; Schalttage, -wochen, -monate wurden z.T. willkürlich eingefügt.

Aber die Woche ...
ist uns durch die Jahrtausende hindurch so erhalten geblieben, wie wir sie schon bei den Babyloniern kennenlernten. Sie hatten schon die Woche mit den uns bekannten sieben Tagen. Später finden wir diese Woche bei den Ägyptern und im jüdischen Kalender wieder. Bis Konstantin der Große sie im Jahre 321 n. Chr. im Römischen Reich einführte, hatte die römische Woche allerdings 8 Tage.

Die Babylonier waren überzeugt ...
daß jeder Tag der Woche von dem Planeten geprägt wird, der über seine erste Stunde herrscht. Auch Sonne

und Mond galten als Planeten. Neptun, Uranus, Pluto dagegen waren noch nicht entdeckt. Die bestimmenden sieben Planeten waren also: Sonne, Mond, Mars, Merkur, Jupiter, Venus und Saturn. Nach diesen Planeten benannten die Babylonier die Wochentage. Die römischen und griechischen Bezeichnungen jener Planeten, die gleichzeitig als Gottheiten verehrt wurden, finden wir noch teilweise in den Namen unserer Wochentage wieder. Betrachten wir die französichen Bezeichnungen, dann ist ihre Herkunft deutlich: So kommt Mardi = Dienstag von Mars; in Mercredi = Mittwoch erkennen wir den Merkur, in Jeudi = Donnerstag den Jupiter und in Vendredi = Freitag die Venus. In unseren deutschen Bezeichnungen erkennen wir in Sonntag und Montag die Sonne und den Mond. Der Merkur, der früher dem Mittwoch den Namen gab, mußte bei uns der Bezeichnung für die "Mitte der Woche" weichen. Die anderen Tage erhielten hier die Namen der entsprechenden germanischen Gottheiten: Der Freitagsplanet Venus wich der germanischen Göttin Freia, der Donnerstagsplanet Jupiter dem Gott Donar, und der Mars überließ den Dienstag dem altgermanischen Gott Thingus (Thingstag).

Daß sich die Woche so hielt ...
ist erstaunlich, denn rein kalendertechnisch gesehen hat sie eine große Schwäche. Dadurch daß die sieben Tage immer in gleicher Weise folgen - unabhängig vom Monatsbeginn oder Jahresbeginn, fallen die Monats- und Jahresdaten immer wieder auf andere Wochentage. Den Kalendermachern wäre es oft recht gewesen, wenn z.B. jeder 7., 14., 21., 28. Tag eines Monats ein Sonntag wäre oder der erste Januar immer ein Montag. Häufig wurde eine solche Kalenderreform vorgeschlagen. Sie hätte zur Folge, daß es manchmal nur ange-

brochene Wochen gäbe, weil zum Monatsanfang ein Montag stehen müßte, unabhängig davon, mit welchem Wochentag der Monat am Vortag endete. Trotz vieler Vorschläge und manch praktischer Versuche, die Siebentagewoche abzuschaffen, hat sie sich als älteste und biblische Einteilung der Zeit immer wieder durchgesetzt.

Woche

"Die siebentägige Woche
ist heilig",
so sagte man früher,
"denn in sieben Tagen
hat Gott die Welt geschaffen."
Und sieben Planeten
hatte man entdeckt,
einen für jeden Tag.

Ich weiß heute,
daß die Welt
nicht in sieben Tagen
geschaffen wurde;
und ich weiß,
daß es mehr
als sieben Planeten gibt;
und ich weiß,
daß die Zahl Sieben
nicht heilig ist.

Mein Wissen befreit
mich von Aberglauben,
und doch bleibt sie mir heilig,
die siebentägige Woche.

Sie ist mir Bekenntnis,
daß mein Wissen
den Glauben nicht zerstört.

Sie ist mir Zeichen,
daß wir den Schöpfungsrhythmus achten
und daß wir uns nicht selbst
zum Schöpfer erheben.

Sie ist mir Taktgeberin
für das Vorwärtsgehen und das Besinnen,
für Zerstreuung und Sammlung,
für das Geschicktwerden und das Gerufensein.

Sie ist mir Teil
eines ewigen Rhythmus
von Arbeit und Ruhe,
Wissen und Glauben,
Handeln und Hoffen.

Sie bleibt mir heilig
in einer sich ändernden Welt -
die siebentägige Woche.

Weil die Wochentage ...
- unabhängig vom Datum - immer gleichmäßig aneinandergereiht werden, beginnen Kalenderjahre zumeist mit "angebrochenen" Wochen. Da in unseren Kalendern nicht nur die Tage, sondern auch die Wochen durchgezählt werden, fragt man sich, welches die erste Woche des Jahres ist. Das ist geregelt: Als erste Kalenderwoche eines Jahres zählt die Woche, in die mindestens vier der ersten sieben Januartage fallen.

ZEITZONEN UND UNIVERSALZEIT

Trotz der Einführung ...
des einheitlichen "Mittleren Sonnentages" an der Wende vom 18. zum 19. Jahrhundert, hatte weiterhin jeder Ort seine eigene Zeit. Durch die Drehung der Erde wandert die Sonne. Sie kann also nicht an jedem Ort gleichzeitig stehen. In dieser Beziehung unterscheidet sich der "Wahre Sonnentag" auch nicht vom "Mittleren Sonnentag". Die 360 Grad des Erdumfanges umwandert die Sonne in 24 Stunden. Teilen wir diese 360 Grad durch 24, so stellen wir fest, daß sie in einer Stunde 15 Grad "weiterwandert" - von Ost nach West. In vier Minuten schafft sie den 360. Teil des Erdumfanges, also einen Längengrad. Die Orte auf den verschiedenen Längengraden hatten daher ihre eigene lokale Zeit. In Köln war es z.B. stets 26 Minuten später als in Berlin. Daß jeder Ort eine andere Zeit hatte, wurde mit der Ausbreitung der Eisenbahn in der ersten Hälfte des 19. Jahrhunderts zum Problem. Wie konnte man da einen Fahrplan erstellen? Um einen geordneten Schienenverkehr zumindest innerhalb der Staatsgrenzen zu ermöglichen, sah sich jedes Land genötigt, eine "Nationale Zeit" einzuführen.

Die "Nationale Zeit" ...
orientierte sich in der Regel an der Ortszeit der jeweiligen Landeshauptstadt. Bayern hatte die Münchner Zeit, Preußen die Berliner Zeit, Württemberg die Stutt-

garter Zeit. War es hier zwölf Uhr, so galt dies für das ganze Land. Für den Schienenverkehr blieben die Zeitunterschiede weiterhin ein Problem, denn die Staaten waren klein und die Schienen endeten nicht an den Staatsgrenzen. Der berühmte Orientexpreß von Paris nach Konstantinopel durchquerte zehn verschiedene Staaten. Doch auch in Staaten mit großer Ausdehnung war die "Nationale Zeit" keine Lösung. Wenn es in Washington 12 Uhr mittags war, war die Sonne an der Westküste der USA noch nicht aufgegangen.

Eine "Universalzeit" ...
schlugen etliche Wissenschaftler deshalb als Lösung vor: An allen Orten der Erde sollte dieselbe Zeit gelten; überall sollte es also zur gleichen Zeit 12 Uhr sein. Glücklicherweise hat sich dieser Vorschlag für das allgemeine Leben nicht durchgesetzt. Denn Zeit kann man nicht ohne Rücksicht auf die Gestirne machen; das mußten schon die alten Römer lernen, als sie die Monate an zehn Fingern abzählten; Julius Cäsar hatte Mühe genug gehabt, das Chaos zu bereinigen.

Zeitvision

Der Mensch
konnte schließlich
an einem Tag die Welt umrunden,
an vielen Orten gleichzeitig sein.
Und er träumte davon,
eine Universalzeit zu haben,
nur einen Kalender,
überall auf der Welt,
um Trennungen zu überschreiten,
um sich zu begegnen,

um Wege gemeinsam zu gehen,
um sich zu verstehen.

Ach hätte er doch den Traum,
zu spüren,
daß jeder Mensch
immer schon
die gleiche Zeit hat:
gezeugt in Umarmung,
Kind von Vater und Mutter,
geboren in Schmerzen,
umhegt in Sorge,
aufgewachsen mit Sehnsüchten,
auf seinen Wegen Liebe suchend,
den Erfolg genießend,
unter Krankheiten leidend,
die Dunkelheit fürchtend,
den Frieden ersehnend,
von Hoffnung getragen
und am Ende seiner Zeit zurückblickend
und zurückgehend in die Ewigkeit.

Hätte er den Traum,
dies zu verstehen,
daß jeder Mensch
immer schon
die gleiche Zeit hat:
so würde er
Trennungen überschreiten,
sich begegnen,
Wege gemeinsam gehen,
sich grenzenlos verstehen,
ohne Weltkalender,
ohne Weltuhr,
ohne Weltzeit.

Es war ein Ingenieur ...
der kanadischen Pazifikbahn, der einen weisen Vorschlag machte. Er verzweifelte schier daran, daß seine Bahn 75 verschiedene Ortszeiten berücksichtigen mußte. Er bildete “Zonenzeiten”. Dabei berücksichtigen Zeitzonen, daß die Erde 24 Stunden für eine Umdrehung braucht und die Sonne somit in einer Stunde 15 Längengrade durchschreitet. Diese fünfzehn Längengrade faßte er zu einer Zeitzone zusammen. Diese Aufteilung setzte sich durch. Bei der konkreten Festlegung der Zeitzonen hat man die Ländergrenzen zusätzlich berücksichtigt, so daß die Zonen nicht genau an den Längengraden entlanglaufen, sondern oft an den naheliegenden Landesgrenzen. Sehr große Länder konnten nicht in einer einzigen Zeitzone untergebracht werden. Innerhalb ihrer Grenzen gibt es weiterhin unterschiedliche Zeiten. Die Erde hat 24 Zeitzonen. Der durch die Mitte einer Zeitzone gehende Längengrad gibt die Zeit für die jeweilige Zone an - die Zonenzeit

Die Zonenzeit ...
wurde 1881 in Kanada und in den USA eingeführt. 1883 empfahl sie der geographische Kongreß in Rom zur allgemeinen Einführung auf der ganzen Welt. Im letzten Jahrzehnt des 19. Jahrhunderts stellten nacheinander alle Regierungen ihre Uhren auf die jeweilige Zonenzeit um. Im Deutschen Reich wurde am 1.4.1893 per Reichsgesetz festgelegt, daß sich alle Uhren nach der Zeitzone um den 15. Längengrad (ehemalige Görlitzer Ortszeit) zu richten haben.

Ausgangspunkt für die Zeitzonen ...
wurde der nullte Meridian, der genau durch Greenwich, einen Vorort von London, geht. Diese Zeitzone wird Westeuropäische Zeit genannt. In Deutschland

herrscht die Mitteleuropäische Zeit; und östlich von uns liegen die 15 Längengrade der Osteuropäischen Zeit. Überschreitet man die Zeitzonen in östlicher Richtung, muß man die Uhr vorstellen, weil die Sonne dort schon früher aufgeht - es ist jeweils eine Stunde später.

Die Luftfahrt ...
ermöglichte nach der Eisenbahn den nächsten sprunghaften Fortschritt in der Mobilität der Menschen. Da Flugzeuge derart schnell die Zeitzonen überfliegen, wurde am 1. Januar 1925 für den Luftverkehr der alte Vorschlag aufgenommen, eine Zeit zu schaffen, die gleich ist, wo immer man sich befindet: Die Weltzeit. Dies ist die "Mittlere Ortszeit" des nullten Meridians - also die "Greenwich mean time" (Mittlere Greenwich-Zeit). Zeigt die Uhr in der Sternwarte von Greenwich "zwölf Uhr", so ist es nach der Weltzeit überall zwölf Uhr - unabhängig vom jeweiligen Stand der Sonne. Auf dieser Ebene kann man sich weltweit orientieren und verständigen - ohne die jeweilige Zeitzone zu berücksichtigen. Weltzeituhren zeigen die Abweichung der jeweiligen Uhrzeit an einem Ort der Erde in bezug auf die Weltzeit an.

Der Welttag beginnt ...
wenn die Sonne über dem Pazifik den 180. Längengrad überschreitet. Er liegt von Greenwich aus gesehen genau auf der gegenüberliegenden Seite der Erdkugel. Zwölf Stunden später steht die Sonne über dem Nullmeridian von Greenwich - es ist Weltmittag.

Dort, wo der Tag beginnt ...
am 180. Längengrad, stoßen zwei verschiedene Tage aneinander. Beginnt hier der 1. Januar eines Jahres, so herrscht an allen anderen Orten der Welt noch der 31.

Dezember des alten Jahres. Erst wenn die Sonne wieder diesen Punkt erreicht, ist überall auf der Erde Neujahr. Springen wir über diese Datumsgrenze in entgegengesetzter Richtung, so sind wir im Nu einen Kalendertag rückwärtsgegangen. Erst am nächsten Tag wird hier der Kalendertag sein, den wir gerade verlassen haben.

Du bist da

Wohin ich auch gehe,
du bist schon längst da;
du bist diesseits und jenseits
aller Zonen, aller Grenzen,
aller Längen- und Breitengrade.
Wie immer ich die Welt aufteile,
du bist in Nord und Süd,
in Ost und West;
du bist im Sonnenschein
und in der Nacht.

Du bist mit mir
im tiefsten Schnee,
im stärksten Regen,
auf dem weiten Meer,
auf dem höchsten Berg,
überall bist du.

Du bist der Tag,
du bist die Nacht,
kein Datum hält dich auf,
du springst mit mir
über alle Zäune,
du nimmst mich mit
durch alle Zeiten.

ZEITMESSUNG IM 20. JAHRHUNDERT

In jedem Jahrhundert der Neuzeit ...
wurde die Uhrentechnik durch zahlreiche Erfindungen verfeinert. Die besondere Liebe der Uhrmachermeister galt zunehmend der kleinen tragbaren Uhr, wie wir sie zunächst als Taschenuhr kennen. Ständige Verbesserungen der Unruh, der Federn, der Lager, der Kupplungen, der Stoßsicherheit u.a. konnten verzeichnet werden. Mitte des 19. Jahrhunderts wurde der Kronenaufzug mit gleichzeitiger Einstellmöglichkeit entwickelt. Ende des 19. Jahrhunderts wurde die Armbanduhr erfunden, die dann in den "goldenen 20er Jahren" des 20. Jahrhunderts die Armgelenke eroberte. 1922 konstruierte John Harwood den automatischen Aufzug. Aus der klobigen Henleinuhr, die bis zu einigen Stunden pro Tag falsch ging, entwickelten sich robuste und dennoch elegante Chronometer mit mehreren Hundert Einzelteilen, die an Genauigkeit und Zuverlässigkeit keinen Wunsch mehr offen ließen.

Wie zu Beginn der Neuzeit ...
so können wir auch zur Mitte des 20. Jahrhunderts einen kräftigen Entwicklungsschub in der Zeitmessung feststellen. Wurde zur Mitte des 15. Jahrhunderts das Zeitalter der mechanischen Uhr eingeläutet, so begann um die Mitte des 20. Jahrhunderts das Zeitalter der elektrischen bzw. elektronischen Uhr und der Atomuhr. Doch Schwingungen, Bewegung, sich wiederho-

lende Ereignisse sind es immer noch, die gemessen werden. Ihre Regelmäßigkeit legt Zeit fest.

Licht- und Schallwellen ...
zur Zeitmessung nutzbar zu machen, damit hat man schon zu Beginn des 20. Jahrhunderts experimentiert. Da sich Licht und Schall, wie auch das Pendel, in einer gleichbleibenden Geschwindigkeit bewegen, wurden auf dieser Grundlage sehr beeindruckende Meßgeräte entwickelt. Ergebnis dieser Forschungen war z.B. das Echolot, das den Zeitabschnitt mißt, den eine Schallwelle benötigt, um sich zum Meeresboden und zurück zu bewegen. Die Meerestiefe läßt sich damit genau bestimmen. Doch für die Entwicklung sehr kleiner Uhren konnte hier nicht die Zukunft liegen; denn um die Bewegung von Schall- oder Lichtwellen zu messen, müssen diese eine gewisse Strecke zurücklegen.

Ein kleiner Quarzstab ...
der 60.000 Schwingungen in der Sekunde vollbringt, eignet sich weitaus besser zur Zeitmessung als die Schallwelle. Die deutschen Physiker Adelsberger und Scheibe entwickelten 1933 in Berlin die erste Quarzuhr. Die Schwingung des Quarzes ist so schnell, daß es diesen beiden Wissenschaftlern vor allem gelingen mußte, die Schwingungen stufenweise so zu reduzieren, bis sie im Sekundentakt einen Uhrzeiger treiben. Bruchteile von Sekunden wurden nun meßbar. Diese Zeitmessung ist auch sehr zuverlässig, da der Quarzstab sich kaum durch äußere Einflüsse - auch nicht durch Temperaturunterschiede - irritieren läßt. Auf weniger als eine tausendstel Sekunde läßt sich die tägliche Abweichung der Quarzuhr reduzieren.

Eine Kraftquelle ...
braucht auch die Quarzuhr, denn was sich bewegt - auch wenn es nur schwingt - braucht Energie. Bei der Sonnenuhr ist die Energie die Bewegung des Planetensystems; bei der Sanduhr, der Wasseruhr und auch der Gewichtuhr ist es die Erdanziehungskraft. Die Gravitation zieht einen Gegenstand nach unten und bringt ihn somit in Bewegung. Bei der Federuhr sorgt die Feder für Kraft. Der Quarzstab schließlich wird durch einen Stromkreis in Schwingungen versetzt. Die Entwicklung der Quarzuhr als Armbanduhr geht daher mit der Entwicklung kleiner Elektrobatterien einher. Erst in den 70er Jahren des 20. Jahrhunderts trat sie ihren Siegeszug an; aber er vollzog sich dann so schnell, daß man meinte, nur Liebhaber antiquarischer Geräte würden noch eine mechanische Uhr ins neue Jahrtausend hinein am Handgelenk tragen.

Das Zeitalter der tickenden, mechanischen Uhr ...
schien in den 70er und 80er Jahren des 20. Jahrhunderts zu Ende gehen. Doch das Uhrmacherhandwerk erlebte in den 90ern einen neuen, ungeahnten Aufschwung. Die mechanische Armbanduhr ist Ausdruck menschlichen Erfindungsreichtums und handwerklicher Gipfelleistung. Sie hat nichts von der Faszination verloren, die seit dem Mittelalter von ihr ausgeht. Im Gegenteil: Wenn man das "Skelett" einer modernen mechanischen Armbanduhr betrachtet und sieht, welche Anzahl kleinster Einzelteile hier im Einklang steht und welche Vielzahl einzelner Erfindungen sich verbindet, kann man sich dem Bann nicht entziehen. Die mechanische Uhr bleibt das offenkundige Symbol für die vielschichtigen Dimensionen der Zeit und der menschlichen Sehnsucht, tief in sie einzudringen.

Schwingung

Schwingung
ist in allem Sein,
im größten Raum,
im kleinsten Atom.

Nur wenn etwas
zu schwingen beginnt,
entstehen Raum und Zeit.

Als Gottes Liebe
zu schwingen begann,
setzte sich das All in Bewegung,
bildete sich die Welt,
entstand das Leben.

Schwingung ist in mir,
sie ist meine Zeit,
meine tägliche Zeit,
meine Lebenszeit.

Nur wenn meine Seele
zu schwingen beginnt,
erlebe ich,
lebe ich,
lebe ich auf.

Wenn meine Liebe
zu schwingen beginnt,
verändert sich das Leben.

Weil keine Schwingung
stärkere Schöpfungskraft besitzt,
erneuert Liebe die Welt.

Eine weitere Uhrengeneration ...
war schon in Entwicklung, während die Quarzuhr die Wohnzimmer und Handgelenke eroberte. Man hatte entdeckt, daß meßbare Bewegung in allem Sein ist, und man war einem unsagbar winzigen Teil auf die Spur gekommen - dem Atom. Als sei es ein Sonnensystem in kleinster Ausführung, kreisen in ihm die Elektronen um den Kern. Schon 1948 wurde eine Atomuhr konstruiert.

Und weil keine bisher entdeckte Schwingung ...
genauer ist, wird seit 1967 eine neue Weltzeitberechnung vorgenommen, die sich nicht mehr an der Sonne orientiert. Eine Sekunde wird nun von der Schwingung des Atoms Cäsium 133 abgeleitet. Bis dahin entstand eine Sekunde - wie wir wissen - durch zweimalige Teilung der Stunde durch 60. Daher hat die Sekunde noch ihren Namen: Im Lateinischen heißt Sekunda "die Zweite"; das bedeutet die "zweite Teilung der Stunde". Im Atomzeitalter wird die Sekunde durch schier unendliche Multiplikation einer Schwingung dieses Atoms festgelegt; die Minute und Stunde entstehen, indem man jeweils mit 60 multipliziert. Der Tag und die Weltzeit messen sich nun nicht mehr an der "Mittleren Sonnenzeit", sondern am Atom. Die Atomsekunde ist Grundlage der "Internationalen Atomzeitskala", an der alle Uhren verglichen werden. Wenn man mit so kleinen Zeitabständen rechnet wie in unserem Zeitalter, ist die Bewegung der Erde um die Sonne zu ungenau, obwohl sie in tausend Tagen nur eine Fehlerquelle von einer Sekunde hat. Dagegen hat die Atomzeituhr nur eine Abweichung von 1 Sekunde in 5 Millionen Jahren. Die Zeitwissenschaftler erkennen die Zeit nicht mehr durch den Blick ins All, sondern durch den Blick ins kleinste Teil. Für uns Normalbürger hat sich nichts geändert, wir blicken weiter zum Firmament - hoffentlich.

Alles von dir

Wie wir auch forschen,
suchen, lesen,
alles, was wir finden,
ist immer schon gewesen.

Du läßt die Erde
um die Sonne sich drehn,
wir brauchten ewig,
um das zu verstehn.

So sehr wir auch ringen,
entdecken und fragen,
es sind doch nur Stücke,
die wir zusammentragen.

Jedes kleinste Stück Wahrheit,
wie neu es uns scheint,
ist nur bei dir,
großer Gott,
zum Ganzen vereint.

Was immer wir schaffen,
du hast es gegeben,
auf das wir es nutzen
für ein erfülltes Leben.

Stolz messen wir die Zeit nun
mit dem kleinsten Atom,
als hätten wir es jetzt erfunden -

doch es war immer schon.

Der Größe unserer Uhren ...
ist nach unten hin keine Grenze mehr gesetzt. Stecknadelkopfgroß und noch kleiner könnte man sie mittlerweile entwickeln. Doch wie die Größe eines Telefonhörers nicht durch den Stand der Technik, sondern durch die Größe unserer Köpfe und den Abstand von Mund und Ohr bestimmt ist, so ist auch die "Kleinheit" der Uhren durch unser Handgelenk und unsere Sehkraft vorgegeben - irgendwann macht Verringerung von Größe, macht Weiterentwicklung der Schnelligkeit und Genauigkeit keinen Sinn mehr, denn Maßstab bleibt der Mensch.

EIN ENDE ALLER ZEIT

Die Jahre 90 bis 95 unserer Zeitrechnung ...
verbrachte ein Mann namens Johannes auf der kleinen griechischen Insel Patmos. Hierhin war der Christ verbannt worden. In der Einsamkeit seines Exils schrieb er ein Buch über Vergangenheit und Zukunft der Menschheit. Dieses Buch wurde später in den Kanon der biblischen Bücher aufgenommen. Es ist durchzogen von Visionen. Gott, so sieht Johannes, wird sich am Ende aller Zeiten den Menschen offenbaren. Doch zuvor wird der teuflische Schrecken des Antichrists regieren. Krieg, Hunger, Not, Tod und Verderben werden herrschen. Apokalyptische Reiter sorgen für ihre Verbreitung.

Johannes von Patmos ...
(nicht zu verwechseln mit dem Autor des Johannesevangeliums) will mit seiner Schrift sich und alle verfolgten Christen auf noch mehr Leid vorbereiten und sie stärken durch die Hoffnung auf eine dann folgende neue Welt. In dem neuen Reich, das Gott errichtet, werden keine Angst, kein Leid und kein Tod mehr sein. Diese Visionen des Johannes schließen als letztes Buch die Bibel ab. Das Buch der Offenbarung wurde zum bekanntesten Werk einer damals sehr verbreiteten Literaturgattung, die den griechischen Namen für Offenbarung trägt: Apokalypse.

Diese Literatur vom Ende aller Zeit ...
ist gekennzeichnet durch Visionen, Träume, Weissagungen. In geheimnisvoller Weise wird der bisherige

Verlauf der Menschheitsgeschichte als Weg des Unheils beschrieben, dessen Gipfel noch nicht erreicht ist. Die entrückte Sprache voller Symbole und Rätsel erinnert an das Sprechen eines Mediums in Trance. Historische, astrologische, geographische Daten sind dabei in so verschlüsselter Weise eingearbeitet und miteinander verwoben, daß man beim Lesen die Zeit, in der man lebt, zu erkennen glaubt. Vorhergesagt wird: Alle Ordnung wird zusammenbrechen; kein Bereich des Seins wird verschont bleiben; die Planeten werden ihre Bahn verlassen; Gestirne werden sich verfinstern; Bäume werden bluten; Menschen werden von Krankheiten dahingerafft. Das Ende dieser Welt wird prophezeit. Zum Ausharren wird aufgerufen. Doch erst am Höhepunkt allen Grauens werden göttliche Boten Heil verkünden, einen 1000jährigen Vorgeschmack auf Gottes gute Ewigkeit geben und dann der Weltzeit ein Ende setzen.

Gottes neue, vollkommene Schöpfung ...
die der Weltzeit folgt, soll ohne alles Böse sein, ohne alles Leid. Diese neue Welt ist von Gott schon immer vorbereitet. Sie ist das Ziel allen Seins. In diese Welt werden diejenigen hinübergerettet, die im göttlichen Gericht bestehen können. Alle anderen werden unsagbare Qualen erleiden. Gott wird in der neuen Welt unmittelbar wohnen. Keine Trennungslinie zwischen Gott und den Menschen wird sein. Auch die Menschen werden versöhnt sein - untereinander und mit aller Schöpfung. Ewige Gerechtigkeit wird herrschen. Gott selbst wird alle Tränen abwischen, alles Leid beenden, allen Schmerz stillen. Alles Erdenkliche wird neu und gut sein.

Ein so schreckliches und zugleich wunderbares Bild ... malen die apokalyptischen Schriften. Immer wieder regen sie an, darüber zu spekulieren, wann der Höhepunkt des Grauens bevorsteht bzw. ein 1000jähriges Reich des Heils beginnt oder zu Ende geht und eine neue Welt anbricht. Weltuntergangsdaten wurden und werden errechnet. Vermeintlich verschlüsselte biblische Zahlen sollen helfen, das Ende aller Zeit vorherzuberechnen. In der Not und dem Leid der jeweiligen Zeit sah man den Anbruch des Heils immer wieder angedeutet.

Nie alt

Das ist alles alt,
aber immer wieder neu,
weil das Gegenteil zu schnell alt wird:

Segne mit liebevollen Gedanken;
mit guten Wünschen spare nicht;
hoffe für die Bedrückten;
gegen das Böse erhebe dein Wort;
den Argwohn verbreite nicht;
finde eine Entschuldigung für die Verurteilten;
deinen freundlichen Blick laß hervorschauen
dein Lächeln schenke reichlich;
zur Offenheit löse dich;
deine Hand werde leicht für eine gute Tat.

Weil du damit neue Hoffnung schaffst,
ist es immer neu, so alt es scheint.

Besonders zu Beginn des zweiten Jahrtausends ...
bewegte die Frage: "Liegt der Schreckens-Höhepunkt hinter uns oder tut er sich vor uns auf?"
Viele waren sicher, an den Nöten der Menschen, an den grausamen Königen und ungeliebten Päpsten festmachen zu können, daß die Herrschaft der satanischen, apokalyptischen Reiter in der letzten, grausamen Phase war. Andere sahen unglaubliches Unheil bevorstehen, wieder andere erwarteten das unmittelbare Ende aller irdischen Zeit.

Solche apokalyptischen Vorhersagen ...
der endgültigen Offenbarung Gottes waren besonders um die Zeit der Geburt Jesu im Judentum und dann im frühen Christentum verbreitet. Beide Religionen mahnen allerdings deutlich zu einem vorsichtigen Umgang mit diesen Schriften.
Wer das Ende der Welt vorhersagen will, hat von der Geschichte Gottes mit den Menschen nicht viel verstanden. Wer dem personifizierten Teufel eine solche Macht zuspricht, daß dieser Gott das Fürchten lehrt, den hat die Frohe Botschaft von Jesus Christus nicht erreicht. Die apokalyptischen Bücher wollen nicht so sehr Angst, sondern Hoffnung machen, Hoffnung auf eine Zeit nach der Zeit. Und dennoch: Ein Glaube, der auf der Apokalypse des Johannes oder einem der anderen Bücher dieser Gattung fußt, sagt wenig über Gott, die Welt und die Zeit aus. Aber wir erkennen darin viel über die Menschen selbst: Wir erkennen Hilflosigkeit, Angst, den Willen zur Flucht aus dieser Welt, Hoffnungssehnsucht, den Wunsch, die Zukunft vorherzusagen und zur Umkehr aufzurufen.

Zusage

Niemals werden aufhören:
Saat und Ernte, Frost und Hitze,
Sommer und Winter, Tag und Nacht.
Gott hat es uns zugesagt,
das ist der Rhythmus der Zeit,
der uns gegeben ist.

Er bewirkt, daß wir uns sicher fühlen,
geborgen, geliebt und umsorgt.

Doch diesen Rhythmus haben wir
Gott längst aus der Hand genommen;
aus der Gleichmäßigkeit wurden:
Fortschritt und Wachstum,
neuer und schneller, höher und weiter,
endlos und ziellos.

Aus dem steten Wiederkommen wurden:
unwiederbringbar, unumkehrbar,
unwiederholbar und machbar.

Die Dankbarkeit, Geborgenheit,
innere Sicherheit und Vertrautheit
weichen der Überheblichkeit, Ängstlichkeit,
äußeren Sicherheit und Verlorenheit.

Doch Gottes Zusage
bleibt Wirklichkeit und erfüllt
sich immer wieder neu:

Niemals werden aufhören:
Saat und Ernte, Frost und Hitze,
Sommer und Winter, Tag und Nacht.

Das Millennium ...
sind nach der Offenbarung des Johannes die letzten 1000 Jahre vor dem Ende dieser Welt - eine Zeit der "Fesselung des Satans" und der reinen Herrschaft Gottes. Alle Versuche, den Beginn des Millenniums oder das Ende der Weltzeit zu berechnen und vorherzusagen, stellten sich bisher als Irrtum heraus. So wird es bleiben, solange wir, unsere Kinder und Kindeskinder leben. Das Ende eines Jahrtausends als Beginn oder Ende eines solchen Millenniums zu sehen und sich dabei auf Gottes Heilsplan zu berufen ist mehrfach töricht: Glaubt man wirklich, man könnte Gottes Unermeßlichkeit in den Gedanken einiger Menschen erkennen, Gottes Geschichte mit dieser Welt wäre an ein paar Zahlen festzumachen? Kann man ernsthaft annehmen, dieser Gott rechne mit unseren Jahreszahlen und mache nun den Tausender voll?

Was wird sein?

Es wird ein Fest sein.
Für die, für die immer
viel los sein muß,
wird es ein Fest sein.
Los wird viel sein.

Arbeitslos wird sein,
hoffnungslos wird sein,
hilflos wird sein
und heimatlos.

Wird es das Zeitalter der Losigkeit sein?

Wortlos wird zu viel sein,
ziellos wird zu viel sein,
wertlos wird zu viel sein.

Endlos wird manche Qual sein,

obdachlos, atemlos,
vaterlos, mutterlos, kindlos.

Ein Fest für die,
die davon leben,
daß viel los ist.

Wolltest du nicht immer schon
gerne mal
ein Fest verderben?

Dann gib ein Wort,
gib eine Hand,
gib Obdach.

Sei Vater,
sei Mutter,
sei Kind.

Gib Wert,
gib Zeit,
gib Hoffnung.

Dann wird das Fest anders sein,
als die es erhoffen,
die von der Losigkeit leben.
Dann wird wirklich ein Fest sein.

Die Jahreswende ...
Jahrhundert- oder gar Jahrtausendwende ist kein Datum, an dem sich irgendwo im Universum, auf dieser Welt oder in den kleinsten Teilen dieser Erde etwas Bedeutendes ereignen muß. Die Jahreszahlen haben wir Menschen selbst erstellt. Sie zeigen unser immerwährendes, aber hilfloses Ringen, der Zeit eine Ordnung zu geben. Zu meinen, unsere Zeiteinteilung stimme mit einer ewigen Weltordnung oder göttlichen Ordnung überein, ist vermessen.

Und doch ...
ist uns der Beginn eines neuen Tages, einer neuen Woche, eines neuen Jahres immer wieder Anstoß zurückzublicken, aus Fehlern zu lernen und Gutes weiterhin mitzunehmen. An diesen Schwellen können sich neue Türen auftun, wenn wir es wollen. Wandel ist möglich. So sollten wir insbesondere zu Beginn eines neuen Jahrhunderts und Jahrtausends unsere Vorsätze überdenken und neue Wege wagen. Hier liegt eine Chance, die wir als verantwortungsvolle Menschen nicht ungeachtet lassen dürfen. Es ist ein guter Zeitpunkt, unser Verhältnis zu den Mitmenschen, zur Schöpfung und zu Gott auf eine neue Ebene zu bringen.

ZEITWENDE ?

Ein weitaus positiveres Bild ...
von der unmittelbaren Zukunft der Welt als die Apokalyptiker malt die älteste aller Wissenschaften, die Astrologie. Astrologen sehen mit der Jahrtausendwende ein Zeitalter der Humanität auf uns zukommen, in dem das Wohl des Menschen im Mittelpunkt steht; denn der "Frühlingspunkt" wandert ins Sternbild des Wassermanns. Um dies zu verstehen, müssen wir wissen, daß die Erdachse sich nicht nur um sich selbst dreht, sondern, als wäre sie etwas ausgeleiert, bei ihrer Drehung kegelförmig schwankt. Stellen wir uns eine Verlängerung der Erdachse vor, die in den Himmel zeigt, so zeichnet dieser Zeiger aufgrund der kegelförmigen Bewegung einen Kreis an den Himmel. Um den Kreis zu vervollständigen, benötigt die Erdachse allerdings 25.780 Jahre. Diese Zeit nennt die Astrologie ein Welten- oder Platonisches Jahr.
Stellen wir uns vor, wir schauen zu Frühlingsbeginn, am Tag der Frühlingstagundnachtgleiche, wenn die Helligkeit und die Dunkelheit je zwölf Stunden währen, ins All - vorbei an der Sonne bis zu den Sternen, so trifft unser Blick den Punkt, den die Astrologen "Frühlingspunkt" nennen. Bedingt durch die oben beschriebene kegelförmige Schwankung der Erdachse, wandert der Frühlingspunkt langsam, aber kontinuierlich weiter, so daß er im Laufe des Weltenjahres alle 12 Tierkreissternbilder durchstreift. Dabei entstehen zwölf "Erdenmonate" von jeweils ca. 2000 Jahren. Im jetzt zu Ende gehenden Erdenmonat lag der Frühlingspunkt im Stern-

bild der Fische. Er wechselt nun ins Sternbild des Wassermanns. Im uns bekannten Jahresablauf der Sternbilder geht das Sternbild des Wassermanns dem der Fische voraus - doch bezüglich des Frühlingspunktes ist die Reihenfolge umgekehrt; denn die oben dargestellte kegelförmige "Schwankung" der Erdachse verläuft gegensätzlich zur Bewegung der Erde um die Sonne.
Da für die Astrologie ein enger Zusammenhang zwischen den Sternen und dem Leben auf der Erde selbstverständlich ist, hat eine Wanderung des Frühlingspunktes, wie zur Zeit sichtbar, für sie große Bedeutung. Die Astrologen sprechen von einer "Zeitenwende".

Wachgeküsste Träume

Wie Abraham
vor vielen tausend Jahren,
so darfst du gern
zum Himmel schaun
in sternenklarer Nacht.

Laß dir
von tausend Sternen
tausendmal aufzeigen,
wie dein Gott
dir Zukunft zuspricht
mit jedem Stern,
dir Heimat bereitet
mit jedem Stern.

Doch dann
verlier dich nicht
in tausend
wachgeküssten Träumen.

Von tausend Sternen über Bethlehem
laß deinen Blick zur Erde lenken:
zu unzähligen Hütten mit Kindern im Stroh,
Zukunft ersehnend und Heimat entbehrend,
tränenverwaschene Träume,
tausendmal ...

Das Sternbild im Frühlingspunkt ...
hat für die Astrologie diese große Bedeutung, weil sie annimmt, daß die Welt im Frühling, bei gleicher Länge von Tag und Nacht, geschaffen wurde - also am 21. März. Das Sternbild im Frühlingspunkt bestimmt demnach das jeweilige Zeitalter, das auf der Erde herrscht. Das Sternbild der Fische, welches der Frühlingspunkt nun nach 2000 Jahren verläßt, gilt als Zeitalter des rationalen Denkens, des Forschens und des Suchens, in dem aber auch Angst, Hunger und Krieg vorherrschen. Mit dem Weltenmonat des Wassermanns sollen 2000 Jahre der Menschlichkeit und des ganzheitlichen Denkens beginnen, in denen Harmonie, Frieden und Umweltbewußtsein dominieren. Die göttliche Kraft soll sich nun mit den Menschen verbinden. Das "Wasser" im Sternbild des Wassermanns ist, astrologisch gesehen, ein Symbol für "fließende Energie": Gegensätze, die unsere Welt bestimmen, "verfließen" nun. Dabei ist besonders an Gegensätze gedacht, wie die von Wissenschaft und Religion, von Gefühl und Denken, von männlichen und weiblichen Verhaltensweisen.

Da es zur Morgendämmerung des neuen Jahrtausends ...
guttut, an eine heilvolle Zukunft in Frieden und Harmonie zu glauben, ist uns die astrologische Sichtweise sicherlich angenehm. Zumal wir wissen, daß wir unseren Planeten durch Haß, Habgier und Unglauben an

den Rand der Existenz gebracht haben. Bis vor ca. 300 Jahren haben alle Wissenschaften an einen “großen Zusammenhang” geglaubt, in dem auch die Sterne des Universums eine wichtige Rolle spielen. Wir sollten uns in unserer modernen “Wissenschaftlichkeit” nicht anmaßen, so viel klüger zu sein als vergangene Generationen. Wir können wieder lernen, Zusammenhänge zwischen allem Sein neu zu sehen. Manchen Aberglauben vergangener Zeiten dürfen wir dabei ablegen. Bei all unseren Bemühungen werden wir dennoch niemals die vielfältigen Zusammenhänge erfassen, die unsere Welt und das Universum bestimmen.

Die Behauptungen der Astrologie ...
dürfen uns durchaus Hoffnung machen, aber wir sollten nicht die Sterne, sondern Gott als Maßstab sehen. Die Verbindung zu ihm muß wichtig sein. Vielleicht sind die Sterne, wie so oft in der Geschichte der Welt, wieder ein Zeichen - mehr auf keinen Fall. Die Kraft, die Veränderung bewirken kann, ist allein die Liebe Gottes. Wenn sie uns berührt, darf mit der Morgendämmerung des neuen Jahrtausends Hoffnung wachsen.

... Dann erst erkennst du deinen Gott,
ganzheitlich - tausendmal - sternenklar,
und darfst neu zum Himmel schaun,
wie Abraham vor vielen tausend Jahren.

Laß dir noch einmal zurufen,
welche Zukunft, welche Heimat,
welche Hoffnung dein Gott bereithält.

Verlier dich nun und gut und gern
in tausend wachgeküssten Träumen.